图 3.1 切车场景示意图

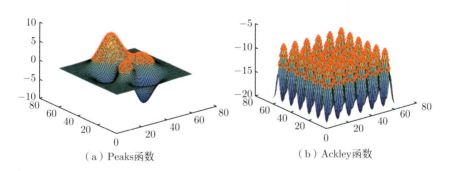

(a) Peaks函数 (b) Ackley函数

图 3.4 关键场景搜索结果示意图

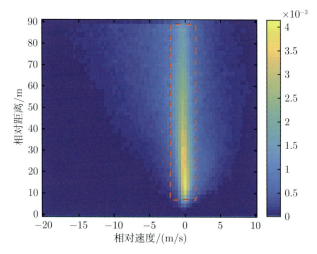

图 3.6 不同切车场景在自然驾驶数据中的曝光频率
$P(x|\theta)$，红色虚线矩形代表高频场景的边界

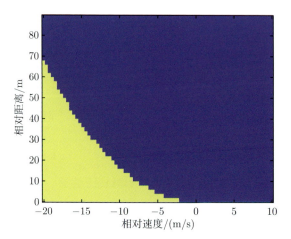

图 3.7 代理模型在切车场景中的安全性能表现
黄色区域表示代理模型在其中的场景会发生交通事故

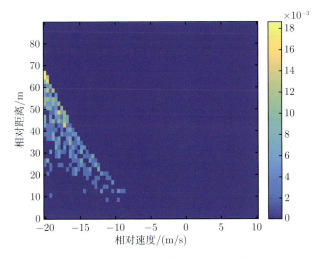

图 3.8 切车场景安全性测试生成的场景库

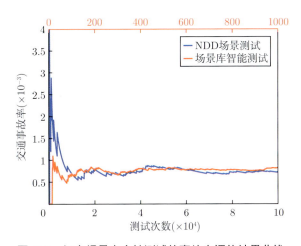

图 3.9 切车场景安全性测试的事故率评估结果曲线

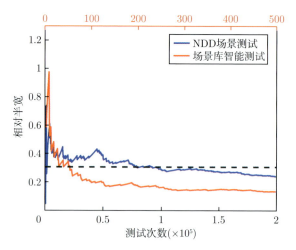

图 3.10 切车场景安全性测试的相对半宽结果曲线

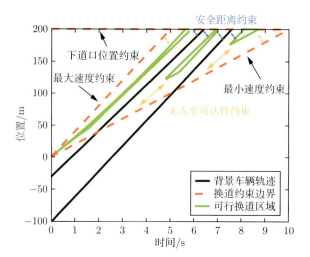

图 3.11 下道场景机动挑战衡量示意图

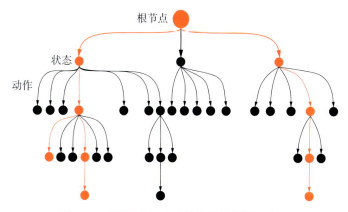

图 4.4 基于马尔可夫决策的关键场景示意图
将黑色部分"剪枝"后即得到测试场景库

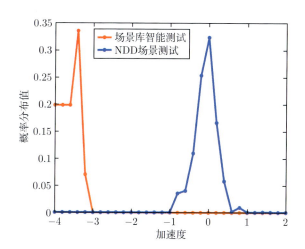

图 4.7 状态 $s = (38, 6, -2)$ 的动作价值函数训练结果图

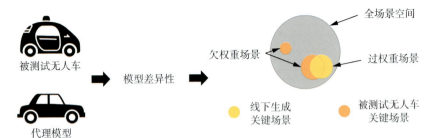

图 6.1 差异场景示意图

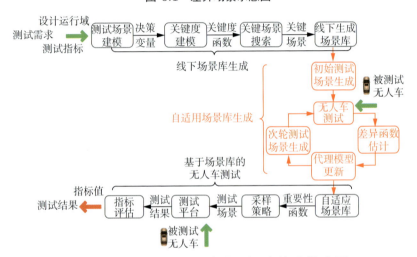

图 6.2 自适应场景库生成方法示意及智能测试框架图

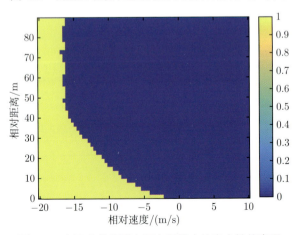

图 6.3 全速度差模型在切车场景中的安全性能表现
黄色区域表示代理模型在其中的场景会发生交通事故

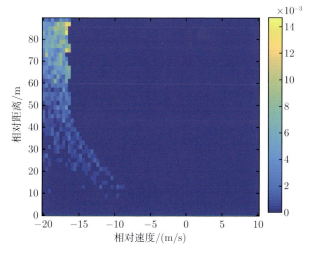

图 6.4 切车场景安全性测试线下生成的场景库

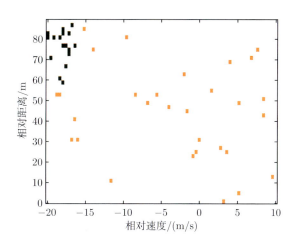

图 6.5 切车场景自适应场景库生成的初始采样结果

黑色表示差异场景，橙色表示相似场景

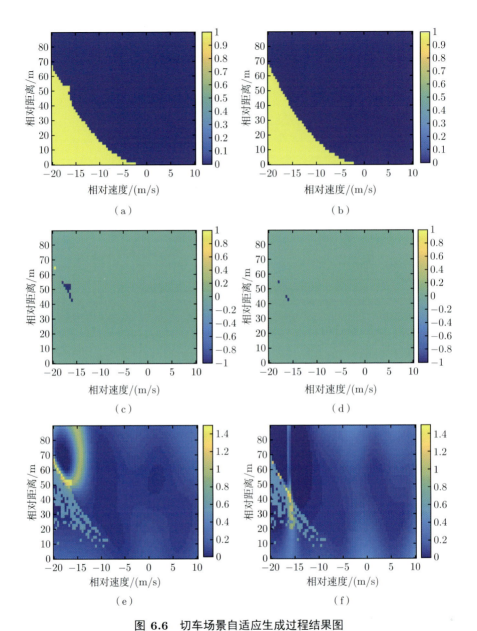

图 6.6 切车场景自适应生成过程结果图

（a）第 5 轮：代理模型；（b）第 50 轮：代理模型；（c）第 5 轮：模型误差；（d）第 50 轮：模型误差；（e）第 5 轮：获得函数；（f）第 50 轮：获得函数

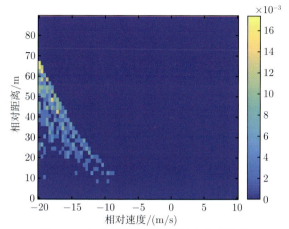

图 6.7 切车场景自适应场景库生成结果

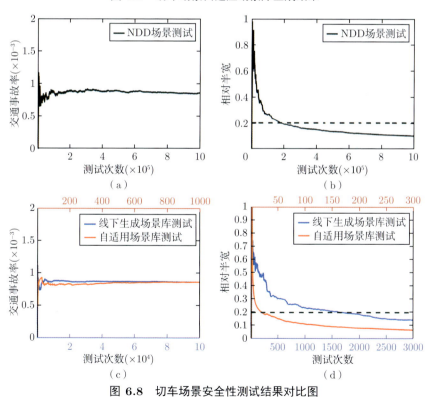

图 6.8 切车场景安全性测试结果对比图
（a）道路测试收敛结果；（b）道路测试相对半宽结果；（c）智能测试收敛结果对比；（d）智能测试相对半宽对比

清华大学优秀博士学位论文丛书

自动驾驶汽车智能测试理论与场景库生成方法

封硕（Feng Shuo）著

Intelligent Testing Theory
and Library Generation Methods for Automated Vehicles

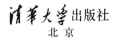
清华大学出版社
北京

内 容 简 介

本书针对自动驾驶汽车测试评价的挑战，提出了智能测试理论和场景库生成方法，解决了测试过程中的瓶颈问题。首先，本书系统研究了智能测试的基础概念、科学问题和研究方法，提出了智能测试的"四要素"，为系统解决自动驾驶汽车的测试问题奠定了理论基础。其次，针对场景库生成问题，引入了最优化理论、强化学习理论、深度强化学习理论和贝叶斯优化理论，提出了低复杂度、中复杂度、高复杂度和自适应的测试场景库生成方法体系，有效提高了测试效率。最后，通过典型应用研究，验证了理论与方法的普适性、准确性和高效性。本书的研究成果对自动驾驶汽车测试理论的发展具有重要意义，为智能测试的规模化应用提供了理论基础和方法指导。

版权所有，侵权必究。举报: 010-62782989, beiqinquan@tup.tsinghua.edu.cn。

图书在版编目（CIP）数据

自动驾驶汽车智能测试理论与场景库生成方法 / 封硕著. ——北京: 清华大学出版社, 2024.6
（清华大学优秀博士学位论文丛书）
ISBN 978-7-302-66412-3

Ⅰ.①自… Ⅱ.①封… Ⅲ.①汽车驾驶-自动驾驶系统-测试-研究 Ⅳ.①U463.61

中国国家版本馆 CIP 数据核字(2024)第 111439 号

责任编辑: 戚　亚
封面设计: 傅瑞学
责任校对: 王淑云
责任印制: 刘　菲

出版发行: 清华大学出版社
　　　　　网　　址: https://www.tup.com.cn, https://www.wqxuetang.com
　　　　　地　　址: 北京清华大学学研大厦 A 座　　　　邮　编: 100084
　　　　　社 总 机: 010-83470000　　　　　　　　　　　邮　购: 010-62786544
　　　　　投稿与读者服务: 010-62776969, c-service@tup.tsinghua.edu.cn
　　　　　质量反馈: 010-62772015, zhiliang@tup.tsinghua.edu.cn
印 装 者: 三河市东方印刷有限公司
经　　销: 全国新华书店
开　　本: 155mm×235mm　　印　张: 11.75　　插　页: 5　　字　数: 187 千字
版　　次: 2024 年 8 月第 1 版　　　　　　　印　次: 2024 年 8 月第 1 次印刷
定　　价: 99.00 元

产品编号: 092603-01

一流博士生教育
体现一流大学人才培养的高度（代丛书序）①

人才培养是大学的根本任务。只有培养出一流人才的高校，才能够成为世界一流大学。本科教育是培养一流人才最重要的基础，是一流大学的底色，体现了学校的传统和特色。博士生教育是学历教育的最高层次，体现出一所大学人才培养的高度，代表着一个国家的人才培养水平。清华大学正在全面推进综合改革，深化教育教学改革，探索建立完善的博士生选拔培养机制，不断提升博士生培养质量。

学术精神的培养是博士生教育的根本

学术精神是大学精神的重要组成部分，是学者与学术群体在学术活动中坚守的价值准则。大学对学术精神的追求，反映了一所大学对学术的重视、对真理的热爱和对功利性目标的摒弃。博士生教育要培养有志于追求学术的人，其根本在于学术精神的培养。

无论古今中外，博士这一称号都和学问、学术紧密联系在一起，和知识探索密切相关。我国的博士一词起源于 2000 多年前的战国时期，是一种学官名。博士任职者负责保管文献档案、编撰著述，须知识渊博并负有传授学问的职责。东汉学者应劭在《汉官仪》中写道："博者，通博古今；士者，辩于然否。"后来，人们逐渐把精通某种职业的专门人才称为博士。博士作为一种学位，最早产生于 12 世纪，最初它是加入教师行会的一种资格证书。19 世纪初，德国柏林大学成立，其哲学院取代了以往神学院在大学中的地位，在大学发展的历史上首次产生了由哲学院授予的哲学博士学位，并赋予了哲学博士深层次的教育内涵，即推崇学术自由、创造新知识。哲学博士的设立标志着现代博士生教育的开端，博士则被定义为

---
① 本文首发于《光明日报》，2017 年 12 月 5 日。

独立从事学术研究、具备创造新知识能力的人，是学术精神的传承者和光大者。

博士生学习期间是培养学术精神最重要的阶段。博士生需要接受严谨的学术训练，开展深入的学术研究，并通过发表学术论文、参与学术活动及博士论文答辩等环节，证明自身的学术能力。更重要的是，博士生要培养学术志趣，把对学术的热爱融入生命之中，把捍卫真理作为毕生的追求。博士生更要学会如何面对干扰和诱惑，远离功利，保持安静、从容的心态。学术精神，特别是其中所蕴含的科学理性精神、学术奉献精神，不仅对博士生未来的学术事业至关重要，对博士生一生的发展都大有裨益。

独创性和批判性思维是博士生最重要的素质

博士生需要具备很多素质，包括逻辑推理、言语表达、沟通协作等，但是最重要的素质是独创性和批判性思维。

学术重视传承，但更看重突破和创新。博士生作为学术事业的后备力量，要立志于追求独创性。独创意味着独立和创造，没有独立精神，往往很难产生创造性的成果。1929年6月3日，在清华大学国学院导师王国维逝世二周年之际，国学院师生为纪念这位杰出的学者，募款修造"海宁王静安先生纪念碑"，同为国学院导师的陈寅恪先生撰写了碑铭，其中写道："先生之著述，或有时而不章；先生之学说，或有时而可商；惟此独立之精神，自由之思想，历千万祀，与天壤而同久，共三光而永光。"这是对于一位学者的极高评价。中国著名的史学家、文学家司马迁所讲的"究天人之际，通古今之变，成一家之言"也是强调要在古今贯通中形成自己独立的见解，并努力达到新的高度。博士生应该以"独立之精神、自由之思想"来要求自己，不断创造新的学术成果。

诺贝尔物理学奖获得者杨振宁先生曾在20世纪80年代初对到访纽约州立大学石溪分校的90多名中国学生、学者提出："独创性是科学工作者最重要的素质。"杨先生主张做研究的人一定要有独创的精神、独到的见解和独立研究的能力。在科技如此发达的今天，学术上的独创性变得越来越难，也愈加珍贵和重要。博士生要树立敢为天下先的志向，在独创性上下功夫，勇于挑战最前沿的科学问题。

批判性思维是一种遵循逻辑规则、不断质疑和反省的思维方式，具有批判性思维的人勇于挑战自己，敢于挑战权威。批判性思维的缺乏往往被认为是中国学生特有的弱项，也是我们在博士生培养方面存在的一个普遍问题。2001年，美国卡内基基金会开展了一项"卡内基博士生教育创新计划"，针对博士生教育进行调研，并发布了研究报告。该报告指出：在美国和欧洲，培养学生保持批判而质疑的眼光看待自己、同行和导师的观点同样非常不容易，批判性思维的培养必须成为博士生培养项目的组成部分。

对于博士生而言，批判性思维的养成要从如何面对权威开始。为了鼓励学生质疑学术权威、挑战现有学术范式，培养学生的挑战精神和创新能力，清华大学在2013年发起"巅峰对话"，由学生自主邀请各学科领域具有国际影响力的学术大师与清华学生同台对话。该活动迄今已经举办了21期，先后邀请17位诺贝尔奖、3位图灵奖、1位菲尔兹奖获得者参与对话。诺贝尔化学奖得主巴里·夏普莱斯（Barry Sharpless）在2013年11月来清华参加"巅峰对话"时，对于清华学生的质疑精神印象深刻。他在接受媒体采访时谈道："清华的学生无所畏惧，请原谅我的措辞，但他们真的很有胆量。"这是我听到的对清华学生的最高评价，博士生就应该具备这样的勇气和能力。培养批判性思维更难的一层是要有勇气不断否定自己，有一种不断超越自己的精神。爱因斯坦说："在真理的认识方面，任何以权威自居的人，必将在上帝的嬉笑中垮台。"这句名言应该成为每一位从事学术研究的博士生的箴言。

提高博士生培养质量有赖于构建全方位的博士生教育体系

一流的博士生教育要有一流的教育理念，需要构建全方位的教育体系，把教育理念落实到博士生培养的各个环节中。

在博士生选拔方面，不能简单按考分录取，而是要侧重评价学术志趣和创新潜力。知识结构固然重要，但学术志趣和创新潜力更关键，考分不能完全反映学生的学术潜质。清华大学在经过多年试点探索的基础上，于2016年开始全面实行博士生招生"申请–审核"制，从原来的按照考试分数招收博士生，转变为按科研创新能力、专业学术潜质招收，并给予院系、学科、导师更大的自主权。《清华大学"申请–审核"制实施办法》明晰了导师和院系在考核、遴选和推荐上的权力和职责，同时确定了规范的流程及监管要求。

在博士生指导教师资格确认方面，不能论资排辈，要更看重教师的学术活力及研究工作的前沿性。博士生教育质量的提升关键在于教师，要让更多、更优秀的教师参与到博士生教育中来。清华大学从2009年开始探索将博士生导师评定权下放到各学位评定分委员会,允许评聘一部分优秀副教授担任博士生导师。近年来,学校在推进教师人事制度改革过程中,明确教研系列助理教授可以独立指导博士生,让富有创造活力的青年教师指导优秀的青年学生,师生相互促进、共同成长。

在促进博士生交流方面,要努力突破学科领域的界限,注重搭建跨学科的平台。跨学科交流是激发博士生学术创造力的重要途径,博士生要努力提升在交叉学科领域开展科研工作的能力。清华大学于 2014 年创办了"微沙龙"平台,同学们可以通过微信平台随时发布学术话题,寻觅学术伙伴。3 年来,博士生参与和发起"微沙龙"12000 多场,参与博士生达 38000 多人次。"微沙龙"促进了不同学科学生之间的思想碰撞,激发了同学们的学术志趣。清华于 2002 年创办了博士生论坛,论坛由同学自己组织,师生共同参与。博士生论坛持续举办了 500 期,开展了 18000 多场学术报告,切实起到了师生互动、教学相长、学科交融、促进交流的作用。学校积极资助博士生到世界一流大学开展交流与合作研究,超过 60% 的博士生有海外访学经历。清华于 2011 年设立了发展中国家博士生项目,鼓励学生到发展中国家亲身体验和调研,在全球化背景下研究发展中国家的各类问题。

在博士学位评定方面,权力要进一步下放,学术判断应该由各领域的学者来负责。院系二级学术单位应该在评定博士论文水平上拥有更多的权力,也应担负更多的责任。清华大学从 2015 年开始把学位论文的评审职责授权给各学位评定分委员会,学位论文质量和学位评审过程主要由各学位分委员会进行把关,校学位委员会负责学位管理整体工作,负责制度建设和争议事项处理。

全面提高人才培养能力是建设世界一流大学的核心。博士生培养质量的提升是大学办学质量提升的重要标志。我们要高度重视、充分发挥博士生教育的战略性、引领性作用,面向世界、勇于进取,树立自信、保持特色,不断推动一流大学的人才培养迈向新的高度。

邱勇

清华大学校长

2017 年 12 月

丛书序二

以学术型人才培养为主的博士生教育,肩负着培养具有国际竞争力的高层次学术创新人才的重任,是国家发展战略的重要组成部分,是清华大学人才培养的重中之重。

作为首批设立研究生院的高校,清华大学自20世纪80年代初开始,立足国家和社会需要,结合校内实际情况,不断推动博士生教育改革。为了提供适宜博士生成长的学术环境,我校一方面不断地营造浓厚的学术氛围,一方面大力推动培养模式创新探索。我校从多年前就已开始运行一系列博士生培养专项基金和特色项目,激励博士生潜心学术、锐意创新,拓宽博士生的国际视野,倡导跨学科研究与交流,不断提升博士生培养质量。

博士生是最具创造力的学术研究新生力量,思维活跃,求真求实。他们在导师的指导下进入本领域研究前沿,吸取本领域最新的研究成果,拓宽人类的认知边界,不断取得创新性成果。这套优秀博士学位论文丛书,不仅是我校博士生研究工作前沿成果的体现,也是我校博士生学术精神传承和光大的体现。

这套丛书的每一篇论文均来自学校新近每年评选的校级优秀博士学位论文。为了鼓励创新,激励优秀的博士生脱颖而出,同时激励导师悉心指导,我校评选校级优秀博士学位论文已有20多年。评选出的优秀博士学位论文代表了我校各学科最优秀的博士学位论文的水平。为了传播优秀的博士学位论文成果,更好地推动学术交流与学科建设,促进博士生未来发展和成长,清华大学研究生院与清华大学出版社合作出版这些优秀的博士学位论文。

感谢清华大学出版社,悉心地为每位作者提供专业、细致的写作和出版指导，使这些博士论文以专著方式呈现在读者面前，促进了这些最新的优秀研究成果的快速广泛传播。相信本套丛书的出版可以为国内外各相关领域或交叉领域的在读研究生和科研人员提供有益的参考，为相关学科领域的发展和优秀科研成果的转化起到积极的推动作用。

感谢丛书作者的导师们。这些优秀的博士学位论文，从选题、研究到成文，离不开导师的精心指导。我校优秀的师生导学传统，成就了一项优秀的研究成果，成就了一大批青年学者，也成就了清华的学术研究。感谢导师们为每篇论文精心撰写序言，帮助读者更好地理解论文。

感谢丛书的作者们。他们优秀的学术成果，连同鲜活的思想、创新的精神、严谨的学风，都为致力于学术研究的后来者树立了榜样。他们本着精益求精的精神，对论文进行了细致的修改完善，使之在具备科学性、前沿性的同时，更具系统性和可读性。

这套丛书涵盖清华众多学科，从论文的选题能够感受到作者们积极参与国家重大战略、社会发展问题、新兴产业创新等的研究热情，能够感受到作者们的国际视野和人文情怀。相信这些年轻作者们勇于承担学术创新重任的社会责任感能够感染和带动越来越多的博士生，将论文书写在祖国的大地上。

祝愿丛书的作者们、读者们和所有从事学术研究的同行们在未来的道路上坚持梦想，百折不挠！在服务国家、奉献社会和造福人类的事业中不断创新，做新时代的引领者。

相信每一位读者在阅读这一本本学术著作的时候，在吸取学术创新成果、享受学术之美的同时，能够将其中所蕴含的科学理性精神和学术奉献精神传播和发扬出去。

清华大学研究生院院长
2018 年 1 月 5 日

序一

自动驾驶汽车技术的快速发展正在改变我们的生活方式和交通方式，同时也为人类社会带来了巨大的挑战和机遇。作为这一领域的研究者和从业者，我们时刻关注着自动驾驶技术的创新和发展，致力于推动其在实际应用中的落地和进步。在这个过程中，自动驾驶汽车的测试评价问题愈发凸显其重要性和复杂性。

自动驾驶汽车的测试评价是确保其安全性、可靠性和高效性的关键步骤，也是推动自动驾驶技术实现商业化应用的必要条件之一。然而，与传统汽车不同，自动驾驶汽车具有复杂的智能系统，需要应对多变的交通环境，其测试评价面临诸多挑战和难题。如何有效地设计测试场景、选择适当的评价指标、构建高效的测试方法，成为自动驾驶汽车测试评价领域亟待解决的重要问题。

本书正是针对这一问题展开的深入探索和研究。本书作者封硕博士长期从事自动驾驶汽车测试验证领域的研究，以其扎实的理论功底和丰富的实践经验，深入剖析了自动驾驶汽车测试评价中的关键问题，提出了一系列创新的理论和方法，为自动驾驶汽车的测试评价问题提供了新的思路和解决方案。

本书的研究内容主要包括两个方面：一是自动驾驶汽车智能测试理论研究，二是多种复杂度测试场景库生成方法与应用。在自动驾驶汽车智能测试理论研究方面，本书提出了具有普适意义的测试理论，深入探讨了智能测试的核心概念和方法，为解决自动驾驶汽车测试评价中的关键问题提供了理论基础。在多种复杂度测试场景库生成方法与应用方面，本书基于最优化理论、强化学习理论、深度强化学习理论和贝叶斯优化理论，提出了一系列创新的测试场景库生成方法，有效解决了不同复杂度场景下的测试问题。

  本书的研究成果不仅在理论上具有重要意义，更在实践中展现出了巨大的应用价值。通过典型应用研究，本书验证了所提理论与方法的普适性、准确性和高效性，为自动驾驶汽车智能测试的规模化应用提供了理论基础和方法指导。本书的研究成果对推动自动驾驶技术的发展和应用具有重要意义，对于提高自动驾驶汽车的安全性、可靠性和高效性，促进自动驾驶技术的商业化进程，具有重要的推动作用。

  在此，作为本书作者的博士生导师，我要对本书的正式出版表示衷心的祝贺！作者在研究过程中展现出了扎实的学术素养和严谨的科研态度，为自动驾驶汽车领域的发展做出了积极贡献。同时，我也要感谢所有为本书研究提供支持和帮助的人员和机构，在此致以诚挚的感谢！

  最后，我希望本书的研究成果能够得到广泛关注和应用，为推动自动驾驶技术的发展，促进智能交通系统的建设，做出更大的贡献。相信通过我们的共同努力，自动驾驶汽车技术将为人类社会的发展带来更广阔的前景和更美好的未来！

  愿我们的学术之路越走越宽广，科研之路越走越顺畅！

张　毅

2024 年 4 月 8 日

序二

It is with immense pleasure and pride that I introduce Dr. Shuo Feng's groundbreaking work, *Intelligent Testing Theory and Testing Scenario Library Generation for Automated Vehicles*. Having supervised Dr. Feng during his time as a visiting Ph.D. student at the University of Michigan, Ann Arbor, I had the privilege of witnessing the dedication, innovation, and scholarly rigor he invested in this book.

The development of autonomous vehicles (AVs) has garnered widespread attention, yet the absence of standardized testing procedures poses a significant challenge. Dr. Feng's book addresses this pressing need by exploring intelligent testing theory and scenario library generation methods for AVs.

The interdisciplinary nature of this topic presents unique challenges, particularly in the context of AI-based development and the stochastic nature of driving environments. Traditional verification and validation techniques are insufficient, and the complexity of the scenario space exacerbates the issue. Dr. Feng's methodological breakthrough lies in his development of a novel framework for scenario library generation, which significantly reduces the number of tests required while maintaining evaluation accuracy.

Central to Dr. Feng's framework is the concept of scenario criticality, a metric that ensures the selection of naturalistic and adversarial scenarios. Leveraging importance sampling theory and surrogate models, Dr. Feng's framework accelerates the evaluation process without compromising accuracy. Moreover, Bayesian optimization and reinforcement learning techniques enhance the framework's adaptability and scalability, addressing challenges posed by high dimensionality.

Implemented and validated at the Mcity testing facility, Dr. Feng's methods demonstrate remarkable efficacy, accelerating the evaluation process by orders of magnitude while maintaining accuracy. This promising approach is poised to become the cornerstone of future AV testing methodologies and has the potential to accelerate the development and deployment of AVs, with far-reaching implications for related fields such as safety-critical robotics.

This book represents not only a significant milestone in Dr. Feng's academic journey but also a major contribution to the field of automated vehicle testing. I have no doubt that this book will serve as a guiding light for future research and development in this crucial domain.

Warm regards,

Henry Liu, Ph.D.

Bruce D Greenshields Collegiate Professor of Engineering

Professor, Civil and Environmental Engineering

Professor, Mechanical Engineering

Director, Mcity

Director, Center for Connected and Automated Transportation

University of Michigan, Ann Arbor

April 8th, 2024.

摘　要

　　随着智能技术的快速发展，自动驾驶已被广泛认为是保证交通安全、提高交通效率和减少交通能耗的重要手段。作为自动驾驶汽车从研发到应用的重要环节，近年来，自动驾驶汽车的智能测试备受关注。与传统车辆的模块化测试不同，自动驾驶汽车的测试注重对整车性能的评估，特别是对整车智能性的评估，其面临的重要挑战是如何更好地应对特有的黑箱性和智能性，加速自动驾驶汽车的测试评价过程。本书围绕自动驾驶汽车的智能测试，研究具有普适意义的测试理论——自动驾驶汽车智能测试理论，并在此基础上研究智能测试场景库的生成方法，为多种复杂度场景、多项评价指标和多类型自动驾驶汽车的智能测试提供了必要的理论和技术支持。

　　在综述和分析国内外自动驾驶汽车测试方法和测试场景库生成方法的基础上，针对目前加速自动驾驶汽车智能测试过程的技术需求，本书总结了自动驾驶汽车智能测试的"四要素"，即测试场景建模、测试评价指标设计、测试场景库生成和测试方法研究；研究了场景测试关键度建模等方法，提出了基于重要性采样理论的自动驾驶汽车智能测试理论，为解决场景库生成问题奠定了理论基础。

　　针对自动驾驶汽车测试中的瓶颈——场景库生成问题，本书基于关键测试场景的快速搜索问题引入最优化理论，提出了低复杂度条件下的测试场景库生成方法，有效提高了低复杂度条件下关键测试场景的搜索效率；考虑复杂度增加带来的"维度灾难"问题，引入强化学习理论，提出了中复杂度条件下的测试场景库生成方法，显著提升了自动驾驶汽车的测试效率；面向动态、多样和连续的高复杂度场景库生成的需要，引入深度强化学习理论，提出了高复杂度条件下的测试场景库生成方法，有效提高了特定测试场景的时间精度和空间精度；面向测试场景库自适应调整的需要，引入贝叶斯优化理论，提出了自适应的测试场景库生成方法，有效提升了测试场景库对多类型自动驾驶汽车的自适应性；由此形成了体系化的测试场景库生成方法，为多种复杂度场景、多项评价指标和多类型自动驾驶汽车的智能测试问题的解决提供了必备条件。

本书选择自动驾驶汽车在自然驾驶环境中高频出现的切车场景、跟驰场景和高速下道场景，分别设计了安全性和功能性等典型测试案例，分析了智能测试与道路测试的等效关系，验证了本书所提理论与方法的普适性、准确性和高效性，可为自动驾驶汽车智能测试的规模化应用提供理论基础和方法指导。

关键词：自动驾驶汽车；智能测试；场景库生成

Abstract

With the development of intelligence theory, automated vehicle technology becomes a crucial way to improve traffic safety, improve traffic efficiency, and reduce traffic consumption. As the critical step to practical applications, testing and evaluation of automated vehicles (AVs) receives much attention recently. Different with testing of human-driven vehicles, which only regulates automobile safety-related components, systems and design features, it is essential to evaluate the "intelligence" of AVs. This dissertation focuses on the testing problem of AVs and proposes the intelligent testing theory of AVs. To improve the efficiency, methods of testing scenario library generation (TSLG) are proposed, which are suitable for different types of scenarios, performance metrics, and AVs.

First, to solve the AV testing problem, the intelligent testing theory is proposed including basic concepts, problems, methods, and theorems. The AV testing problem is systematically answered by the theory. The major concepts consist of four components, i.e., scenario, metric, library, and AV evaluation. Related problems are analyzed and solved, where a new definition of scenario criticality is proposed. Moreover, theorems regarding accuracy and efficiency are proposed. The intelligent testing theory is the foundation of further studies on the AV testing problem and the TSLG problem.

Second, methods of TSLG are proposed based on the intelligent testing theory. By introducing the optimization theory, reinforcement learning theory, deep reinforcement learning theory, and Bayesian optimization theory, methods of TSLG are proposed for low-dimensional, middle-dimensional, high-dimensional, and adaptive scenarios, respectively. The proposed methods solve the TSLG problem regarding different types of scenarios, metrics, and AVs. The proposed methods are also important enhancements of the intelligent testing theory.

Finally, to demonstrate the proposed theory and methods, typical cases are studied, including cut-in, car-following, and highway exit scenarios. Specific technical problems are solved, such as auxiliary objective function design, naturalistic driving data analysis, and surrogate model construction. Accuracy and efficiency of the theory and methods are demonstrated by the case studies. The case studies provide solid foundations for practical applications.

Keywords: Automated Vehicle; Intelligent Testing; Library Generation

目 录

第 1 章 引言 ·· 1
  1.1 研究背景与意义 ·· 1
    1.1.1 研究背景 ··· 1
    1.1.2 研究意义 ··· 4
  1.2 国内外研究现状分析 ·· 6
    1.2.1 自动驾驶汽车技术 ·· 6
    1.2.2 自动驾驶汽车测试方法 ··· 10
    1.2.3 自动驾驶汽车场景库生成方法 ··· 15
  1.3 研究内容与技术路线 ·· 18
    1.3.1 自动驾驶汽车智能测试理论 ·· 18
    1.3.2 多种复杂度测试场景库生成方法与应用 ··························· 20
  1.4 本书结构与内容安排 ·· 21

第 2 章 自动驾驶汽车智能测试理论研究 ·· 23
  2.1 智能测试"四要素" ·· 23
    2.1.1 测试场景 ··· 24
    2.1.2 测试评价指标 ·· 27
    2.1.3 测试场景库 ·· 28
    2.1.4 测试方法 ··· 29
  2.2 智能测试"四要素"研究 ··· 30
    2.2.1 测试场景建模 ·· 30
    2.2.2 测试评价指标设计 ·· 31
    2.2.3 测试场景库生成 ··· 32
    2.2.4 测试方法研究 ·· 33

2.3 智能测试方法研究 ··· 34
2.3.1 测试场景建模方法 ··· 34
2.3.2 测试评价指标设计方法 ··· 37
2.3.3 测试场景库生成方法 ··· 38
2.3.4 智能测试方法研究 ··· 41
2.4 智能测试理论研究 ··· 44
2.4.1 重要性采样理论与分析 ··· 44
2.4.2 自动驾驶汽车智能测试理论 ··· 49

第 3 章 低复杂度测试场景库生成方法研究与应用 ······························· 56
3.1 低复杂度测试场景库生成需求分析 ··· 56
3.1.1 测试场景特征分析 ··· 56
3.1.2 场景库生成需求分析 ··· 58
3.2 最优化理论 ··· 58
3.2.1 凸优化理论 ··· 58
3.2.2 梯度下降方法 ··· 59
3.2.3 有限差分方法 ··· 60
3.3 低复杂度测试场景库生成方法 ··· 61
3.4 低复杂度测试场景库生成典型应用 ··· 64
3.4.1 典型场景分析与建模 ··· 64
3.4.2 切车场景安全性测试 ··· 66
3.4.3 下道场景功能性测试 ··· 72

第 4 章 中复杂度测试场景库生成方法研究与应用 ······························· 79
4.1 中复杂度测试场景库生成需求分析 ··· 79
4.1.1 测试场景特征分析 ··· 79
4.1.2 场景库生成需求分析 ··· 80
4.2 强化学习理论 ··· 81
4.2.1 马尔可夫决策过程 ··· 81
4.2.2 动态规划与蒙特卡罗理论 ··· 84
4.2.3 基于时间差分的强化学习理论 ······································· 85
4.3 中复杂度测试场景库生成方法 ··· 87

		4.3.1 基于马尔可夫决策的场景建模 ························· 88
		4.3.2 基于强化学习理论的场景库生成 ······················· 90
	4.4	中复杂度测试场景库生成典型应用 ································ 94
		4.4.1 典型场景分析与建模 ······································ 94
		4.4.2 跟驰场景安全性测试 ······································ 95

第 5 章 高复杂度测试场景库生成方法研究与应用 ················ 101
  5.1 高复杂度测试场景库生成需求分析 ································ 101
      5.1.1 测试场景特征分析 ······································ 101
      5.1.2 场景库生成需求分析 ···································· 103
  5.2 深度强化学习理论 ··· 103
      5.2.1 深度 Q 网络基本原理 ···································· 104
      5.2.2 深度强化学习方法 ······································ 105
      5.2.3 深度强化学习算法 ······································ 108
  5.3 高复杂度测试场景库生成方法 ···································· 109
      5.3.1 高复杂度场景库生成原理 ································ 109
      5.3.2 基于深度强化学习理论的场景库生成 ····················· 111
  5.4 高复杂度测试场景库生成典型应用 ································ 114
      5.4.1 典型场景分析与建模 ···································· 114
      5.4.2 跟驰场景安全性测试 ···································· 114

第 6 章 自适应测试场景库生成方法研究与应用 ···················· 120
  6.1 自适应测试场景库生成需求分析 ·································· 121
      6.1.1 测试场景特征分析 ······································ 121
      6.1.2 场景库生成需求分析 ···································· 122
  6.2 贝叶斯优化理论 ··· 122
      6.2.1 贝叶斯优化问题 ·· 123
      6.2.2 贝叶斯优化方法 ·· 123
      6.2.3 高斯过程回归 ·· 126
  6.3 自适应测试场景库生成方法 ······································ 128
      6.3.1 基于贝叶斯优化理论的问题建模 ························· 129
      6.3.2 基于贝叶斯优化方法的算法框架 ························· 130

6.3.3　自适应测试场景库生成方法 ··· 132
6.4　自适应测试场景库生成典型应用 ··· 136
　　6.4.1　典型场景分析与建模 ··· 137
　　6.4.2　切车场景条件下自适应场景库生成 ··································· 137
　　6.4.3　下道场景条件下自适应场景库生成 ··································· 143

第 7 章　总结与展望 ·· 146
7.1　工作总结 ·· 146
7.2　主要创新点 ·· 148
7.3　研究工作展望 ·· 149

参考文献 ··· 151

Contents

Chapter 1　Introduction ··· 1
   1.1　Background and Contribution ································· 1
      1.1.1　Research Background ·································· 1
      1.1.2　Research Contribution ································· 4
   1.2　Literature Review ··· 6
      1.2.1　Automated Vehicles ··································· 6
      1.2.2　Testing Method for Automated Vehicles ················ 10
      1.2.3　Testing Scenario Library Generation Method for
           Automated Vehicles ···································· 15
   1.3　Contents and Methodology ······································ 18
      1.3.1　Intelligent Testing Theory for Automated Vehicles ········ 18
      1.3.2　Multiple-Complexity Testing Scenario Library Generation
           Method and Application ································ 20
   1.4　Structure and Organization ······································ 21

Chapter 2　Intelligent Testing Theory for Automated
             Vehicles ··· 23
   2.1　"Four Elements" of Intelligent Testing ························· 23
      2.1.1　Testing Scenario ······································ 24
      2.1.2　Testing and Evaluating Metric ·························· 27
      2.1.3　Testing Scenario Library ································ 28
      2.1.4　Testing Method ······································· 29
   2.2　Further Study of "Four Elements" of Intelligent Testing ···· 30
      2.2.1　Modeling of Testing Scenario ···························· 30

  2.2.2 Design of Testing and Evaluating Metric ·················· 31
  2.2.3 Generation of Testing Scenario Library ·················· 32
  2.2.4 Study of Testing Method ································· 33
 2.3 Intelligent Testing Method ······································· 34
  2.3.1 Method for Modeling of Testing Scenario ················· 34
  2.3.2 Method for Design of Testing and Evaluating Metric ········ 37
  2.3.3 Method for Generation of Testing Scenario Library ········· 38
  2.3.4 Method for Intelligent Testing ···························· 41
 2.4 Intelligent Testing Theory ·· 44
  2.4.1 Importance Sampling Theory and Analysis ················ 44
  2.4.2 Intelligent Testing Theory for Automated Vehicles ·········· 49

Chapter 3 Low-Complexity Testing Scenario Library Generation Method and Application ·············· 56

 3.1 Requirements for Low-Complexity Testing Scenario Library Generation ··· 56
  3.1.1 Feature Analysis of Testing Scenario ····················· 56
  3.1.2 Requirements for Testing Scenario Library Generation ······ 58
 3.2 Optimization Theory ·· 58
  3.2.1 Convex Optimization Theory ····························· 58
  3.2.2 Gradient Descent Method ································ 59
  3.2.3 Finite Difference Method ································ 60
 3.3 Low-Complexity Testing Scenario Library Generation Method ··· 61
 3.4 Application of Low-Complexity Testing Scenario Library Generation Method ·· 64
  3.4.1 Scenario Analysis and Modeling ·························· 64
  3.4.2 Safety Testing of Cut-in Scenario ························· 66
  3.4.3 Functional Testing of off-Ramp Scenario ·················· 72

Chapter 4　Medium-Complexity Testing Scenario Library Generation Method and Application ············· 79

4.1　Requirements for Medium-Complexity Testing Scenario Library Generation ··· 79
    4.1.1　Feature Analysis of Testing Scenario ····················· 79
    4.1.2　Requirements for Testing Scenario Library Generation······ 80

4.2　Reinforcement Learning Theory ···························· 81
    4.2.1　Markov Decision Process ································ 81
    4.2.2　Dynamic Programming and Monte Carlo Theory ·········· 84
    4.2.3　Temporal-Difference Reinforcement Learning Theory ······· 85

4.3　Medium-Complexity Testing Scenario Library Generation Method ·· 87
    4.3.1　Scenario Modeling Based on Markov Decision ············ 88
    4.3.2　Scenario Library Generation Based on Reinforcement Learning ··· 90

4.4　Application of Medium-Complexity Testing Scenario Library Generation Method································· 94
    4.4.1　Scenario Analysis and Modeling ························· 94
    4.4.2　Safety Testing of Car-Following Scenario ················· 95

Chapter 5　High-Complexity Testing Scenario Library Generation Method and Application ············· 101

5.1　Requirements for High-Complexity Testing Scenario Library Generation ··· 101
    5.1.1　Feature Analysis of Testing Scenario ···················· 101
    5.1.2　Requirements for Testing Scenario Library Generation ···· 103

5.2　Deep Reinforcement Learning Theory ···················· 103
    5.2.1　Deep Q-Network Theory ······························· 104
    5.2.2　Deep Reinforcement Learning Method ·················· 105
    5.2.3　Deep Reinforcement Learning Algorithm ················ 108

5.3　High-Complexity Testing Scenario Library Generation

    Method ·· 109
   5.3.1 High-Complexity Scenario Library Generation Theory ····· 109
   5.3.2 Scenario Library Generation Based on Deep Reinforcement Learning ··· 111
 5.4 Application of High-Complexity Testing Scenario Library Generation Method ··· 114
   5.4.1 Scenario Analysis and Modeling ························· 114
   5.4.2 Safety Testing of Car-Following Scenario ················ 114

Chapter 6 Adaptive Testing Scenario Library Generation Method and Application ························· 120

 6.1 Requirements for Adaptive Testing Scenario Library Generation ··· 121
   6.1.1 Feature Analysis of Testing Scenario ····················· 121
   6.1.2 Requirements for Testing Scenario Library Generation ···· 122
 6.2 Bayesian Optimization Theory ······························· 122
   6.2.1 Bayesian Optimization Problem ························· 123
   6.2.2 Bayesian Optimization Method ·························· 123
   6.2.3 Gaussian Process Regression ···························· 126
 6.3 Adaptive Testing Scenario Library Generation Method ···· 128
   6.3.1 Problem Formulation Based on Bayesian Optimization Theory ··· 129
   6.3.2 Algorithm Framework Based on Bayesian Optimization Method ··· 130
   6.3.3 Adaptive Testing Scenario Library Generation Method ···· 132
 6.4 Application of Adaptive Testing Scenario Library Generation Method ··· 136
   6.4.1 Scenario Analysis and Modeling ························· 137
   6.4.2 Adaptive Testing Scenario Library Generation of Cut-in Scenario ·· 137
   6.4.3 Adaptive Testing Scenario Library Generation of off-Ramp Scenario ·· 143

Chapter 7　Conclusion and Future Research ··················146
　　7.1　Conclusion ··146
　　7.2　Contribution ···148
　　7.3　Future Research ···149
References ···151

第 1 章　引　　言

1.1　研究背景与意义

1.1.1　研究背景

自动驾驶汽车（automated vehicle，AV）是汽车产业发展战略的重要内容，是构建安全、高效和节能的智能交通系统的基础，也是当前驱动人工智能技术发展的重要动力之一，并可使新一代智能汽车具有理解人、帮助人和解放人的广阔发展空间[1-4]。根据美国汽车工程师学会的定义，本书研究的自动驾驶汽车是指采用先进传感、智能决策、车路协同和精准控制等技术，实现有条件、高度或完全（L3-L5）自动驾驶的智能汽车。《中国制造 2025》《"十三五"国家战略性新兴产业发展规划》《智能汽车创新发展战略（征求意见稿）》等文件指出，自动驾驶汽车从技术、产业、应用和竞争等层面对汽车产业发展具有战略意义。随着自动驾驶技术的发展，智能交通系统（intelligent transportation system，ITS）涌现了改变人类出行模式的系列研究成果[5-15]，可有效提升人类出行的安全、高效和环保等效能。同时，《中国人工智能系统白皮书——智能驾驶 2017》指出，自动驾驶汽车是人工智能技术应用的重要载体，自动驾驶是人工智能突破其理论、技术和应用发展的重要驱动力。自动驾驶技术使汽车从单纯的交通工具发展为智能移动空间，并具有理解人、帮助人和解放人的服务能力[16]。

测试评价是自动驾驶汽车技术研发和实际应用的关键[17-23]。2017年，《中国智能网联汽车技术路线图》指出，测试评价是自动驾驶汽车的基础支撑技术。2018 年，麦肯锡发布报告指出，"自动驾驶系统及整车验证与集成"是未来自动驾驶产业链中最具价值的三项产业之一。测试评价的关键性体现在两个方面：一方面，测试评价与技术研发相互促进，自动驾驶技术通过"研发，测试，再研发，再测试"的迭代过程逐步发展成熟；另一方面，测试评价是自动驾驶汽车实际应用的必由之路，由于自动驾驶汽车的黑箱特性，测试评价是企业分析自动驾驶技术成熟程度的有效方法，也是政府判断自动驾驶汽车能否安全和高效运行的重要手段。

与传统车辆的模块化测试不同，自动驾驶汽车的测试注重对整车性能的评估。传统车辆的测试注重对车辆安全相关的零部件和系统的评估，例如在美国汽车安全技术法规（Federal Motor Vehicle Safety Standards，FMVSS）中详细规定了对控制器与显示器、风挡玻璃、液压与气压制动系统、轮胎和安全带等汽车组件的安全测试方法和评价标准。由于在传统车辆中全部驾驶任务由驾驶员完成，车辆测试无须考虑驾驶员负责的功能。自动驾驶汽车的测试可分为零部件级、系统级和整车级三个层级。不同于传统车辆，自动驾驶汽车采用智能技术部分替代或完全替代驾驶员，使整车系统具有黑箱性和智能性[2]，再考虑到车辆行驶环境的复杂性，自动驾驶汽车的测试评价面临重要挑战，整车性能评估，特别是对整车智能性的评估成为自动驾驶汽车测试评价的重点。

自动驾驶汽车的整车级测试流程可以概括为，通过特定平台构建特定场景测试自动驾驶汽车的特定性能，并针对评价指标依据分析测试结果，最终得到评价结论。过去十年，自动驾驶汽车测试平台得到快速发展，涌现了包括计算机仿真、封闭测试场、虚实结合系统和真实开放道路等多类型、多层次和各具特色的测试平台。计算机仿真测试是指基于交通场景静态元素和动态元素的数学模型，利用计算机仿真技术对自动驾驶汽车模型进行虚拟测试。计算机仿真测试的优势在于低成本和高可控性，主要缺点在于难以保证测试的真实性。封闭测试场测试，顾名思义是指在构建的封闭测试场地中测试自动驾驶汽车。封闭测试场通常包含典型的交通静态元素，能在一定程度上反映真实的驾驶环境，并能够实际测试自动驾驶汽车的性能。其主要缺点在于难以构建交通动态元素，例如交通环境中的背景车辆。为了解决这个问题，虚实结合系统利用上述两种测试平台的优势构建测试平台。例如，美国密西根大学开发的增强现实测试平台[24-25]，结合了仿真测试中的动态元素与封闭测试场的静态元素，既能够在实际测试场中测试自动驾驶汽车的性能，又能够低成本和高可控地构建动态交通环境。真实开放道路测试是指自动驾驶汽车在真实的驾驶环境中行驶并测试性能。道路测试真实反映了自然驾驶环境中的静态元素和动态元素,是测试自动驾驶汽车最真实的方法。然而,道路测试有两个严重弊端:一是安全问题,过去三年,特斯拉(Tesla)、优步(Uber)和 Waymo 等企业研发的自动驾驶汽车均发生了严重的交通事故,道路测试对社会大众的安全影响得到广泛关注;二是效率问题,根据兰德公司报告[26],为得到置信度为 95% 的安全性能评估结果,自动驾驶汽车需要超过 80 亿英里(1 英里 ≈ 1.609 千米)的道路测试,相当于 100 辆自动驾驶汽车以 24 英里每小时的速度不间断行驶 400 年。上述两个弊端使真实道路测试无法成为自动驾驶测试的主要手段,基于计算机仿真、封闭测试场和虚实结合系统的测试方法有望得到更广泛的应用。

无论是基于计算机仿真、封闭测试场还是虚实结合系统,自动驾驶汽车的测试评价均需要测试理论的支撑。测试理论需要为解答测试流程中的系列问题奠定基础,例如测试场景类型选取、测试场景参数设计、测试场景数量确定、测试的汽车性能、测试结果分析以及测试等效里程分析等。这些问题是自动驾驶测试的基础性问题,是所有测试平台都需要解决的共性问题。测试理论需要系统性,适用于多种复杂度场景、多项评价指标和多类型自动驾驶汽车的测试问题;测试理论需要科学性,能够严格证明测试流程的准确性,解答测试结果的统计学意义;测试理论需要合理性,能够显著提升测试效率,具有现实的可行性。测试理论的缺乏已成为当前自动驾驶汽车测试评价研究的瓶颈。

场景库是测试理论中的关键要素,随着计算机仿真、封闭测试场和虚实结合系统等测试平台的建成,场景库生成问题已成为测试领域发展的瓶颈。本书研究的"场景"概念是广义的,包含了一切与自动驾驶汽车测试相关的静态元素和动态元素在时间和空间上的状态演变。面向自动驾驶汽车不同级别、不同阶段的测试需求,测试场景的复杂程度是显著不同的,既包括静态、单一和离散的低复杂度场景,又包括动态、单一和离散的中复杂度场景,还包括动态、多样和连续的高复杂度场景。当前的研究中对相关概念的使用是不一致的,出现了包括功能场景、逻辑场景、具体场景、用例和交通流仿真等若干概念。为了梳理相关概念之间的关系,本书严格定义了"场景",并提出统一的场景建模方法。例如,可以将仿真软件中通常出现的连续交通流仿真建模成高复杂度场景。场景库生成已经成为当前的研究焦点，已有的方法包括矩阵生成法[27-33]、极端生成法[34-37]、临界生成法[38]、自然驾驶数据生成法[39-41]和加速验证生成法[42-44]等。然而，如《中国自动驾驶仿真技术研究报告 2019》所指出，当前的场景库生成方法存在一系列问题：① 测试场景库与真实世界的统计学意义缺乏深入研究；② 测试场景库与测试结果的准确性及测试过程的高效性之间的关系缺乏深入研究；③ 测试场景的泛化方法缺乏深入研究，而场景泛化是场景库生成的重要途径；④ 场景库生成方法对多种复杂度场景、多项评价指标和多类型自动驾驶汽车的适用性缺乏深入研究。

综上所述，关于自动驾驶汽车测试的研究存在以下两个亟待解决的问题：

1）缺乏普适性的整车级测试理论

自动驾驶汽车整车级测试理论需要为系统解决测试问题提供普适性的理论基础。测试理论需要从基本定义、科学问题、研究方法和规律定理等多个层面分析和解决自动驾驶汽车的测试问题；需要适用于多种复杂度场景、多项评价指标和多类型自动驾驶汽车的测试问题；需要有严格的理论证明以保证测试评价结果的科学性，使测试结果能够准确反映自动驾驶汽车在真实驾驶环境中的性能；需要指明提升测试效率的可行路径，使自动驾驶汽车的测试方法变得高效可行。由于当前研究中缺乏具备上述性质的测试理论，自动驾驶汽车的测试研究进展缓慢。

2）缺乏系统性的测试场景库生成方法

场景库生成问题是测试理论中的瓶颈。场景库生成方法需要系统解决多种复杂度场景、多项评价指标和多类型自动驾驶汽车的场景库生成问题；需要科学论证所生成的场景库能够保证自动驾驶汽车测试评价的准确性，并分析场景库与真实世界的统计学关系，解答"基于场景库测试 1 千米等效于真实道路测试多少千米"的测试效用问题；需要提升基于场景库测试方法的效率，缩短自动驾驶汽车测试评价的周期。

1.1.2　研究意义

本书围绕自动驾驶汽车的测试问题，针对理论难点和瓶颈，在国家重点基础研究发展计划（"973"计划）研究课题"综合交通系统信息感知集成与多式协同出行诱导研究"和美国交通部车路协同交通中心（Center of Connected and Automated Transportation, CCAT）研究课题"Connected Automated Vehicle Testing Scenario Design and Implementation Using Naturalistic Driving Data and Augmented Reality"的支持下，提出自动驾驶汽车智能测试理论，以及低复杂度、中复杂度、高复杂度和自适应的场景库生成方法体系，并成功应用至典型场景，验证了理论与方法的普适性、准确性和高效性。本书的研究意义主要体现在以下几个方面：

（1）提出具有普适性的自动驾驶汽车智能测试理论，为自动驾驶汽车测试问题的解决奠定理论基础。智能测试理论总结了测试问题的"四要素"，即测试场景建模、测试评价指标设计、测试场景库生成和测试方法研究，系统研究了自动驾驶汽车的测试问题，有针对性地提出了智能测试方法，并严格证明了智能测试的准确性定理和高效性定理。

（2）基于智能测试理论，系统性地提出了测试场景库生成方法，解决了当前自动驾驶汽车测试的瓶颈。本书分别提出低复杂度、中复杂度、高复杂度和自适应场景库生成方法，解决多种复杂度、多项评价指标和多类型自动驾驶汽车的场景库生成问题，形成了体系化的测试场景库生成方法。

（3）将智能测试理论和场景库生成方法应用至典型场景，解答"基于场景库测试1千米等效于真实道路测试多少千米"的测试效用问题，验证本书提出理论和方法的普适性、准确性和高效性，为自动驾驶汽车智能测试的规模化应用提供理论基础和方法指导。

（4）为自动驾驶汽车"研发，测试，再研发，再测试"的迭代提升提供了重要基础；进一步，考虑到自动驾驶汽车的本质是稀疏激励系统，即自然测试场景带来的激励是稀疏的，智能测试理论的提出为智能技术在稀疏激励系统的相关研究奠定基础。

总而言之，本书提出了自动驾驶汽车智能测试理论，并系统性地解决了场景库生成这一瓶颈问题，对自动驾驶汽车测试理论的发展和自动驾驶技术的推动具有重要意义，同时对人工智能理论的发展具有启发意义。

1.2 国内外研究现状分析

根据上述研究背景和研究方向，本节将从自动驾驶汽车技术、自动驾驶汽车测试方法和自动驾驶汽车场景库生成方法三个方面对国内外研究现状进行综述，为本书研究奠定基础。

1.2.1 自动驾驶汽车技术

近年来，随着智能技术的快速发展，自动驾驶汽车技术被认为是提高人类生活水平的关键技术之一，研究人员对此展开了广泛而深入的研究，本节简要梳理国内外自动驾驶汽车技术的发展历程。

1）国外研究现状

国外自动驾驶技术的发展历程漫长而曲折，下面按时间脉络对自动驾驶汽车发展历程中的代表性工作或事件进行梳理。

1925 年，Francis Houdina 展示了一辆无线电控制的汽车，如图 1.1 所示，这辆汽车在没有人类驾驶员直接操控的情况下可完成引擎发动、方向调整和鸣笛等动作。该项工作表明早在 100 年前，人类就产生了研究自动驾驶汽车的思想。

图 1.1 无线电控制汽车（1925 年）

1969 年，人工智能之父 John McCarthy 的论文 "Computer-Controlled Cars" 中提出了一种基于视频传感器的自动驾驶汽车模型。根据论文描述，该模型可根据人类下达的指令自动驾驶，完成包括加速、减速和自动导航等任务。McCarthy 的工作为后来自动驾驶技术的研究提供了参考方向。

20 世纪 90 年代初期，卡耐基梅隆大学的研究人员 Dean Pomerleau 在其博士学位论文中介绍了利用神经网络进行道路识别的方法，并实现了车辆的实时转向控制。1995 年，Pomerleau 和 Todd Jochem 进行了大量自动驾驶路测实验，实验中驾驶员只需控制车辆的纵向速度，无须干预车辆的转向控制，测试总里程达 2797 英里。Pomerleau 的工作向世人展示了解放驾驶员双手的可行性。

2002 年，美国国防高级研究计划局（DARPA）宣布举办自动驾驶汽车极限挑战赛，比赛中车辆需自动驾驶 142 英里，穿越莫哈维沙漠。在 2004 年的正式比赛中，15 支参赛队伍均没有完成比赛，这让许多研究人员对能否研究出全自动驾驶汽车产生了怀疑。

21 世纪初，自动泊车系统的出现重新点燃了人们对自动驾驶汽车研究的热情，丰田、雷克萨斯、福特和宝马等多家车企先后发布了自动泊车辅助系统。

美国的谷歌公司早在 2009 年就开展了自动驾驶汽车的研究。2014 年，谷歌发布了一款没有方向盘、油门踏板和刹车踏板的全自动驾驶原型车，如图 1.2 所示。2018 年年底，谷歌宣布自动驾驶汽车完成了 200 万英里的实车测试。谷歌的自动驾驶汽车实验给业界研究者树立了一个很好的典范，使人们对自动驾驶功能的优势和前景有了较为清晰的认识。

图 1.2　谷歌 Waymo 自动驾驶汽车

截至 2013 年，很多大型车企都已加入研究自动驾驶技术的行列，如通用汽车、福特、奔驰和宝马等；目前包括特斯拉和优步在内的一些车企已经在量产车中加入了自动转向、车道保持和避撞等半自动驾驶功能；日产曾宣布在 2020 年发布自动驾驶汽车。大量车企的加入进一步推进了自动驾驶技术的发展。

2017 年，奥迪发布的新一代旗舰版奥迪 A8 是全球第一款配备 L3 级别自动驾驶技术的量产车，这款车可实现特定场景下的自动驾驶。但是由于这款车型是面向广大普通用户的，部分学者对用户能否适当操控特定场景下的自动驾驶功能持怀疑的态度。因此，业界对自动驾驶汽车的监管展开了新一轮的讨论。2018 年，英伟达（NVIDIA）首次将人工智能与硬件产品联系起来，发布了一款自动驾驶汽车芯片，该芯片具备了人工智能功能。人工智能的兴起将自动驾驶技术的研发推向了新的高潮。

2018 年，谷歌在美国亚利桑那州凤凰城推出全球第一个商业自动驾驶乘车服务 Waymo One，迈出了自动驾驶汽车商业运营的重要一步。

2）国内研究现状

国内自动驾驶汽车的研究起步较晚，技术水平与西方发达国家相比还存在一定差距。近些年，自动驾驶汽车引起了国内相关企业、高校和研究院所的高度重视，自动驾驶技术也取得了一定的突破。

1992 年，国防科技大学研制出我国第一台自动驾驶汽车。

2011 年，国防科技大学与一汽集团合作研发的自动驾驶汽车完成了 286 千米的实车高速路测。

2015 年，宇通集团完成全球首例自动驾驶大型客车的开放道路实车测试。

百度公司于 2013 年开始自动驾驶相关技术的研究，并于 2015 年完成了部分典型场景的实车测试；2017 年，百度展示了其与博世合作开发的高速公路辅助功能增强版演示车；2018 年，百度推出了其与厦门金龙合作研发生产的全球首款 L4 级别自动驾驶量产巴士，图 1.3 为其示意图。以百度为代表的众多高科技公司的加入，有力地推动了我国自动驾驶汽车行业的发展。

图 1.3　百度 L4 级自动驾驶小巴

截至 2018 年,"中国智能车未来挑战赛"已成功举办 10 届[23],吸引越来越多自动驾驶研究人员的参赛,在企业、高校和研究院所产生了积极影响。图 1.4 为中国智能车未来挑战赛比赛现场。

图 1.4　中国智能车未来挑战赛比赛现场

此外,随着通信技术的发展,车路协同被认为是加速自动驾驶落地的关键技术。与发达国家相比,我国的车路协同研究虽起步较晚但发展迅速，目前已整体达到国际先进水平，部分达到国际领先水平。

2017年，清华大学研制的两辆车路协同自动驾驶汽车在上海国际汽车城完成协同场景演示，两辆车路协同自动驾驶汽车通过"车—车"通信技术完成了U形弯道跟车等功能演示。图1.5为正在演示的清华大学车路协同自动驾驶汽车。

图 1.5　清华大学车路协同自动驾驶汽车

2018年，清华大学研制的车路协同自动驾驶汽车正式获得福建省自动驾驶汽车测试基地颁发的测试牌照，是国内首例发放至高校的自动驾驶测试牌照。同年，以百度、阿里巴巴和腾讯为代表的高科技公司纷纷布局车路协同技术。随着5G通信技术的到来，车路协同技术必将快速发展，并同自动驾驶产业紧密结合起来。

2019年，长安大学成功演示了高速公路上车路协同自动驾驶汽车编队行驶，进一步揭示了车路协同技术在自动驾驶技术中的应用潜力。

1.2.2　自动驾驶汽车测试方法

随着自动驾驶技术的快速发展，测试评价成为研究的难点。测试平台作为自动驾驶汽车测试的载体，成为测试方法研究的热点。按照不同原理，测试平台可以分为以下四类：计算机仿真、封闭测试场、真实道路和虚实结合系统。本节根据测试平台的不同对自动驾驶汽车测试方法进行综述。

1）基于计算机仿真平台的测试方法

自动驾驶汽车最常用的测试方法是基于计算机仿真平台进行测试。通过对交通环境中静态元素和动态元素的计算机仿真，自动驾驶模型的性能可以在仿真场景中得到测试和评价。2016 年 7 月，英国华威大学公布了一款用于测试自动驾驶汽车的虚拟系统，通过模拟机动车、交通灯、非机动车、行人等道路场景实现更逼真的测试效果。2017 年 11 月，微软升级了 AirSim 开源平台，如图 1.6 所示，提供汽车模拟器和 3D 现实环境，以测试自动驾驶汽车的性能。2017 年 11 月，Waymo 公开了道路模拟器 Carcraft，通过计算机模拟环境中的测试场景。2018 年 1 月，英伟达发布了 NVIDIA DRIVE Xavier，其搭建的计算平台可以实现每秒 320 万亿次深度学习网络计算，能够有效模拟和测试基于深度学习网络的自动驾驶算法。通过计算机仿真平台在自动驾驶汽车研发过程中的基础性作用，研究人员开发了系列仿真软件，本书不再赘述。

图 1.6　微软 AirSim 开源平台

计算机仿真平台的优点在于：① 低成本：测试过程无需真实车辆和真实交通环境，经济成本低；测试过程允许并行和高速进行，时间成本低。② 安全可控：所有的测试环节均发生在虚拟环境，过程安全可控。然而，由于自动驾驶系统的复杂性，仿真平台难以完全模拟自动驾驶汽车的真实行为，基于仿真平台测试方法的准确性无法保证。

2）基于封闭测试场的测试方法

为了更真实地测试自动驾驶汽车的性能，封闭测试场平台受到广泛关注。2015 年 7 月，美国密西根大学建成世界上第一个自动驾驶汽车封闭测试场 Mcity。如图 1.7 所示，Mcity 占地 32 英亩（1 英亩 ≈ 4046.865 平方米），设计了模拟的城市街道、十字路口、轨道交通、高速公路、隧道和路边的店面等，为自动驾驶汽车测试提供测试环境。2016 年，为了进一步促进封闭测试场的发展，美国交通部公布了 10 处封闭测试场的建设计划[24]。2016 年 6 月，中国首个封闭测试场"国家智能网联汽车（上海）试点示范区"在上海正式开园运营，占地面积数倍于 Mcity，侧重于智能汽车和车路协同两大类关键技术的测试验证。此后，中国交通运输部公路科学研究院、长安大学、重庆车辆检测研究院等又分别建立了面向自动驾驶汽车测试的封闭场地。

图 1.7　美国密西根大学 Mcity 封闭测试场设计图

基于封闭测试场的测试方法的优点在于：① 提供了相对真实的道路环境；② 能够测试真实的自动驾驶汽车，提升了测试结果的可靠性。基于封闭测试场的测试方法的主要缺点在于缺乏交通动态元素：虽然封闭场地提供了相对真实的道路环境，但是多数仅提供静态环境，缺乏交通参与者等动态元素，仍然无法反映真实的驾驶场景。

3）基于真实道路的测试方法

自动驾驶汽车最真实的测试方法是将自动驾驶汽车运行在真实道路中，根据自动驾驶汽车的驾驶结果评价其性能。2012年8月，Waymo宣布已经完成超过五十万千米的自动驾驶汽车道路测试，随后包括优步、特斯拉、百度等超过五十家公司陆续获得了美国加利福尼亚州（简称"加州"）自动驾驶的道路测试牌照。道路测试的重要评价指标之一是自动驾驶汽车被安全员接管的频率（disengagement rate），接管率越低则说明自动驾驶汽车自主完成道路驾驶的能力越强。根据2018年加州汽车管理局的报告，Waymo的接管率大约在每1000英里0.09次，相比2017年的接管率下降了约一半，反映了自动驾驶技术的快速发展。2018年10月，Waymo获得美国加州机动车管理局的核发许可，正式在加州城市内外的公共道路和高速公路上测试完全自动驾驶汽车。

真实道路测试平台的主要优点在于真实性。接管率定量评估了自动驾驶汽车的安全性能，如果每一次接管意味着人工避免了一次可能的交通事故，则道路测试的接管率可以衡量自动驾驶汽车在真实道路驾驶的事故率，是对自动驾驶汽车安全性能的有效评价。

真实道路测试平台的主要问题之一在于危险性。2016年，特斯拉Model S汽车在美国佛罗里达州与一辆白色货车相撞，发生了首例自动驾驶汽车致人死亡事故。事故原因是车身前向传感器受光线干扰造成误判，导致没有识别到前方白色车身的大货车，进而发生碰撞。这次事故使业界对自动驾驶技术是否真正可靠展开了激烈讨论。2018年3月，优步自动驾驶汽车在美国亚利桑那州凤凰城发生致死交通事故。随后不久，特斯拉再次发生致死交通事故，事故原因是算法的误判，导致车辆撞上了高速公路的隔离带。2018年5月，Waymo在亚利桑那州发生交通事故，如图1.8所示，一辆本田（Honda）轿车逆向撞向正处于自动驾驶模式的汽车。

真实道路测试平台的主要问题之二在于低效性。根据兰德公司的报告[26]，为了得到置信度为95%的安全性能评估结果，自动驾驶汽车需要超过 80 亿英里的道路测试,相当于 100 辆自动驾驶汽车以 24 英里每小时的速度不间断行驶 400 年。而当自动驾驶汽车算法发生变动时,即使是微小的参数变动,理论上也需要对自动驾驶汽车的整车性能重新评估。因此,基于真实道路的测试方法是现实不可行的。

图 1.8　Waymo 交通事故现场图

4) 基于虚实结合系统的测试方法

针对上述测试平台的缺点,研究者将虚拟平台和真实平台结合到一起,综合虚拟平台和真实平台的优势,提出了基于虚实结合系统的测试方法。

美国密西根大学开发的增强现实测试平台[24-25]将仿真测试中的动态元素与封闭测试场的静态元素结合。自动驾驶汽车在真实世界中的运行状态通过路侧设备(roadside units,RSUs)传输到仿真平台,同时仿真平台中虚拟车辆的运行状态也被同步传输给自动驾驶汽车。真实世界和仿真平台中的交通控制实现同步控制,仿真平台中的虚拟车辆和真实世界中的自动驾驶汽车实现同步交互。虽然真实世界中并不存在虚拟的车辆,但自动驾驶汽车如同戴上增强现实眼镜感知到了虚拟车,实现了安全、高效和精确的自动驾驶汽车测试。

由中国科学院、西安交通大学、清华大学等单位联合研发的平行测试系统(parallel testing)将虚拟平台和真实平台结合到一起进行自动驾驶测试[2,23-34]。平行测试系统在虚拟平台中建立真实场景的映射,并通过在虚拟平台和真实场景中对自动驾驶汽车的测试进一步改进虚拟平台和真实场景的构建，实现虚实环境的自我增强。通过平行测试系统选取典型测试场景的主要流程主要包括以下几个方面：首先通过真实世界 2D 图像构建虚拟平台 3D 场景，其次通过自动驾驶汽车在虚拟平台的测试选定典型测试场景，最终在真实测试平台中构建所选定场景，实现对自动驾驶汽车真实场景的测试。

为了解决真实道路驾驶数据不足的问题，百度研究院研发了一套基于真实数据生成虚拟数据的增强驾驶平台[22]。首先，研究人员输入真实道路驾驶的视频数据，进行数据预处理、背景提取、轨迹提取、雷达波形提取等操作，其次根据合成的道路背景和车辆轨迹等图像生成视频数据，并根据真实雷达数据合成虚拟场景的雷达数据。将合成数据作为自动驾驶汽车研发和测试的场景，在一定程度上解决了真实驾驶数据不足的问题。

1.2.3 自动驾驶汽车场景库生成方法

无论基于何种测试平台，自动驾驶汽车的测试评价均需要测试理论的支撑，而其中的瓶颈问题是测试场景库的生成问题。测试场景库决定了自动驾驶汽车测试的场景，进而影响自动驾驶汽车测试的准确性和高效性。本节综述已有的场景库生成方法，为本书研究奠定基础。

1）测试场景矩阵生成方法

场景库生成最直接的方法是根据先验经验人为选取场景矩阵[27-33,45]。先验经验的来源有多种，本节主要介绍专家经验法、数据分析法、组合生成法和任务驱动法。专家经验法是指根据专家的经验分析、讨论和设计测试场景，类似于人类驾驶员资格考试中的考试场景设计方法。包括美国和中国在内的多个国家先后颁布了自动驾驶汽车道路测试资格准入标准，其中测试场景的设计主要是基于专家经验法确定。为了克服专家经验法中可能存在的主观偏差，研究人员试图通过分析人类交通事故数据更好地设计自动驾驶汽车测试场景[27,29-31]。数据分析法能够有效地发现在经验中易被忽视的场景，通常会和专家经验法一同使用。数据分析法的弊端在于对数据的依赖性，对于数据中没有记录的场景，数据分析法则束手无策。为了解决这个问题，组合生成法[32]引入了排列组合逻辑，其基本想法是将场景分解为若干基本场景单元，通过基本单元的排列组合构建复杂场景，以更好地确保场景库逻辑上的完备性。组合生成法可以在数据分析法的基础上生成数据中未包含的复杂场景。任务驱动法[33]提出以自动驾驶汽车需要测试的任务作为场景的基本单元，以任务的排列组合和时空分布生成测试场景。

测试场景矩阵生成方法的优点在于生成方法简单、可操作性强和可重复性高，然而生成的场景库具有以下局限性：① 场景库多数为定性描述的场景类别（例如跟驰场景、换道场景等），无法定量确定场景的参数；② 场景库缺乏参数泛化，使场景缺乏多样性；③ 基于场景矩阵的自动驾驶汽车测试仅能定性评价自动驾驶汽车的性能，无法定量评价汽车在真实驾驶环境中的性能。

2）极端测试场景生成方法

为了定量确定场景参数，生成有挑战性的测试场景，研究者提出极端测试场景（worst-case scenario）生成方法[34-37]。Ma 等[35-36]利用博弈论方法优化场景中的干扰因素，生成最易导致自动驾驶汽车侧翻或紧急制动的场景。Kou 等[37]引入滚动时域优化方法，生成最具挑战性的场景轨迹，以测试自动驾驶汽车的安全性能。极端测试场景生成方法能够基于自动驾驶汽车模型生成最具挑战性的场景，在一定程度上缓解了测试场景矩阵生成方法缺少定量场景参数的局限性。然而，极端测试场景生成方法有以下两个弊端：① 场景生成基于对自动驾驶汽车的模型，考虑到自动驾驶汽车的黑箱性和复杂性，获得自动驾驶汽车准确模型的困难极大；② 未能考虑场景在自然驾驶环境中的曝光频率，由于极端测试场景在自然驾驶环境中可能是极少出现的，仅对极端场景的测试不能准确衡量自动驾驶汽车在自然驾驶环境中的性能表现。

3）临界测试场景生成方法

针对极端测试场景生成方法的建模困难，研究人员提出基于黑箱搜索的场景库生成方法，典型的方法之一是临界测试场景生成方法[38]。临界测试场景生成方法的基本思想是自动驾驶汽车性能边界的场景是最有测试价值的。为了解决自动驾驶汽车的建模困难，研究人员设计和校准了自动驾驶汽车的代理模型。通过对自动驾驶汽车的动态测试，逐步校准代理模型，探索和确定自动驾驶汽车的性能边界，选取性能边界的场景集合作为测试场景库。临界测试场景生成方法的优点是不依赖自动驾驶汽车的准确模型。然而,与极端场景生成方法类似,临界测试场景生成方法未能考虑场景在自然驾驶环境中的曝光频率,无法定量衡量自动驾驶汽车在自然驾驶场景中的性能表现。

4) 自然测试场景生成方法

为了解决上述方法对曝光频率的忽视问题,研究人员提出了自然测试场景生成方法。自然测试场景生成方法的基本思想是基于海量的自然驾驶数据(naturalistic driving data,NDD),统计得到场景的曝光频率,根据曝光频率的大小采样得到测试场景。自然测试场景生成方法是对真实道路测试中测试场景的直接还原,可以证明两种测试方法理论上的等效性。使用自然测试场景生成方法的前提在于采集海量的自然驾驶数据。为此,若干研究机构进行了自然驾驶数据的采集[39-41,46-53],其中美国密西根大学的 Integrated Vehicle-Based Safety Systems (IVBSS)项目[40] 和 Safety Pilot Model Deployment (SPMD)项目[41] 最具有代表性,本书将在典型案例研究中采用这两个数据库中的数据。自然测试场景生成方法的弊端在于无法解决道路测试方法中存在的严重低效性。自然测试场景生成方法本质是对道路测试方法的模拟,虽然可以通过并行计算等方式在一定程度上缩短测试时长,但道路测试方法的低效性无法解决,该弊端严重降低了该方法的实际应用价值。

5) 加速测试场景生成方法

为了解决自然测试场景生成方法的低效性,研究人员提出加速测试场景生成方法[42-44]。加速测试场景生成方法的基本思想是以场景的重要性为依据采样生成测试场景序列。将场景库的生成问题转化为重要性函数的设计和校准问题,并采用启发式的重要性函数设计和校准方法:首先根据自然驾驶数据设定重要性函数模型,其次通过对自动驾驶汽车的动态测试,实现对重要性函数的参数校准。加速测试场景库生成方法引入重要性采样理论,为本书提出智能测试理论提供了重要借鉴。加速测试场景生成方法的主要问题在于可适用的测试场景复杂度、测试指标和自动驾驶汽车类型的局限性。例如,在高维度测试场景应用中,加速测试场景生成方法必须基于自动驾驶汽车的准确模型[44],导致该方法面临与极端测试场景生成方法一样的问题。

1.3　研究内容与技术路线

自动驾驶汽车测试理论与场景库生成方法的研究是一项极具挑战性的工作，研究拟采用自底向上、逐步深入的思路。首先，基于已有文献调研结果，本书总结了自动驾驶汽车智能测试的"四要素"，研究了场景测试关键度建模等方法，提出了自动驾驶汽车智能测试理论，为解决场景库生成问题奠定了理论基础。其次，针对自动驾驶汽车测试中的瓶颈——场景库生成问题，本书针对关键测试场景的快速搜索问题，引入最优化理论，提出了低复杂度条件下的测试场景库生成方法；考虑复杂度增加带来的"维度灾难"问题，引入强化学习理论，提出了中复杂度条件下的测试场景库生成方法；面向动态、多样、连续的高复杂度场景库生成的需要，引入深度强化学习理论，提出了高复杂度条件下的测试场景库生成方法；面向自动驾驶汽车测试自适应调整的需要，引入贝叶斯优化理论，提出了自适应的测试场景库生成方法；由此形成了体系化的测试场景库生成方法，为测试问题的解决提供了必备条件。最后，本书选择自动驾驶汽车在自然驾驶环境中高频出现的切车场景、跟驰场景和高速下道场景，分别设计了安全性和功能性等典型测试案例，分析了智能测试与道路测试的等效关系，验证了本书所提出的理论与方法的普适性、准确性和高效性，可为自动驾驶汽车智能测试的规模化应用提供理论基础和方法指导。本书技术路线图如图 1.9 所示。

具体地，本书的研究内容由 1.3.1 节和 1.3.2 节组成。

1.3.1　自动驾驶汽车智能测试理论

基于已有文献的调研结果，本书提出自动驾驶汽车智能测试理论。智能测试的目标是针对多类型自动驾驶汽车在多种复杂度场景下的测试需求，面向多项测试评价指标，科学构建测试场景库，实现准确和高效的测试过程，最终得到对自动驾驶汽车性能的定量和客观评价。为实现上述目标，本书总结了智能测试的"四要素"，即测试场景、测试评价指标、测试场景库和测试方法，严格定义了"场景""场景库"等相关概念；研究智能测试"四要素"中蕴含的科学问题，即测试场景建模、测试评价指标设计、测试场景库生成和测试方法研究；提出智能测试方法，分析并解决上述科学问题。特别地，本书提出的测试场景关键度建模方法，将场景的曝光频率和机动挑战有机结合在一起，该方法既是智能测试理论的重要组成部分，也为提出场景库生成方法奠定了理论基础。为了分析智能测试方法的理论性能，本书在重要性采样理论的基础上，论证了智能测试的准确性定理和高效性定理，体现了智能测试理论的普适性和有效性。

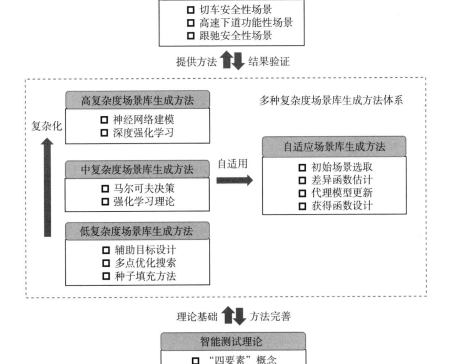

图 1.9 研究内容与技术路线图

1.3.2 多种复杂度测试场景库生成方法与应用

针对自动驾驶汽车测试中的瓶颈——场景库生成问题，本书在智能测试理论的基础上，引入最优化理论、强化学习理论、深度强化学习理论和贝叶斯优化理论，分别提出了低复杂度、中复杂度、高复杂度和自适应场景库生成方法，形成了体系化的测试场景库生成方法，为多种复杂度场景、多项评价指标、多类型自动驾驶汽车的智能测试问题的解决提供了必备条件。

首先，针对静态、单一和离散的低复杂度场景，本书针对关键测试场景的快速搜索问题，引入最优化理论，提出了低复杂度条件下的测试场景库生成方法，有效提高了低复杂度条件下关键测试场景的搜索效率。本书以常见的切车场景和高速下道场景为典型应用，验证所提出理论与方法的准确性和高效性，同时解决了应用中遇到的辅助目标函数设计、自然驾驶数据分析和代理模型构建等问题，为规模化应用提供了方法指导。典型应用分析了智能测试的等效里程问题，在切车场景安全性测试中，智能测试方法测试1千米等效于真实道路测试1888千米，显著提升了自动驾驶汽车测试评价的效率。

其次，针对动态、单一和离散的中复杂度场景，考虑复杂度增加带来的"维度灾难"问题，本书引入强化学习理论，提出了中复杂度条件下的测试场景库生成方法，包括基于马尔可夫决策过程的场景建模方法和基于强化学习理论的场景库生成方法，有效提高了自动驾驶汽车的测试效率。本书以常见的跟驰场景为典型应用，验证方法的准确性和高效性，实验中智能测试方法测试1千米等效于真实道路测试37万千米，显著提升了自动驾驶汽车测试评价的效率。

再次，针对动态、多样和连续的高复杂度场景，本书引入深度强化学习理论，提出了高复杂度条件下的测试场景库生成方法，有效提高了测试场景的时间精度和空间精度，更准确地刻画了真实道路中的驾驶环境。高复杂度场景库生成方法为生成连续微观仿真测试环境提供了方法基础。为了验证方法的有效性，设计高复杂度跟驰场景作为典型应用而研究。

最后，针对测试场景库自适应调整的需要，本书引入贝叶斯优化理论，提出了自适应的测试场景库生成方法，有效提高了自动驾驶汽车测试场景库的自适应性。为了实现这个目标，本书将场景库自适应问题建模成贝叶斯优化问题，并把自动驾驶汽车的测试分为两个阶段：场景库自适应生成阶段和测试阶段。在场景库自适应生成阶段，本书利用高斯过程回归方法，设计获得函数，优化每一次自动驾驶汽车测试的场景，最大化测试所能获取的信息，实现场景库的自适应调整；而在测试阶段，则利用自适应调整后的场景库对自动驾驶汽车进行智能测试，实现对自动驾驶汽车性能的评估。选择切车场景和高速下道场景作为典型案例进行研究，研究结果验证了本章所提方法的有效性。

1.4 本书结构与内容安排

本书围绕自动驾驶汽车测试问题，针对自动驾驶汽车测试的理论难点和方法瓶颈，提出了整车级智能测试理论，并提出了低复杂度、中复杂度、高复杂度和自适应的场景库生成方法体系，适用于多种复杂度场景、多项评价指标和多类型自动驾驶汽车的测试问题，并通过典型场景验证了理论与方法的普适性、准确性和高效性。本书既是对自动驾驶汽车测试理论的重要发展，也是对自动驾驶技术的有力推动，更对人工智能理论的发展具有启发意义。

本书共 7 章，除本章，其余各章的内容安排如下：

第 2 章提出自动驾驶汽车智能测试理论，总结智能测试的"四要素"，研究"四要素"蕴含的科学问题，即测试场景建模、测试评价指标设计、测试场景库生成和测试方法研究；提出智能测试方法，特别是场景测试关键度建模方法；并论证智能测试的准确性定理和高效性定理。

第 3 章基于最优化理论，围绕场景库生成问题中的关键场景搜索方法，提出低复杂度测试场景库生成方法。应用低复杂度场景库生成方法至典型案例中，通过实验结果进一步验证了智能测试理论的准确性和高效性。

第 4 章和第 5 章分别基于强化学习理论和深度强化学习理论，采用马尔可夫决策过程进行场景建模，降低场景复杂度对场景库生成的影响，分别提出中复杂度场景库生成方法和高复杂度场景库生成方法，有效提高了场景库生成方法对场景复杂度的处理能力。

第 6 章基于贝叶斯优化理论，针对多类型自动驾驶汽车场景库自适应生成问题，提出场景库自适应生成方法，实现场景库对多类型自动驾驶汽车的自适应优化。场景库自适应生成方法有效拓展了场景库生成方法，实现了对多类型自动驾驶汽车的自适应性。

第 7 章对本书进行了总结，阐述了主要创新点和不足，并对下一步的工作进行了展望。

第 2 章　自动驾驶汽车智能测试理论研究

本章围绕自动驾驶汽车的智能测试问题，研究具有普适意义的测试理论——自动驾驶汽车智能测试理论。自动驾驶汽车智能测试的目标是针对多类型自动驾驶汽车在多种复杂度场景下的测试需求，面向多项测试评价指标，科学构建测试场景库，实现准确和高效的测试过程，最终得到对自动驾驶汽车性能的定量和客观评价。本章总结了自动驾驶汽车智能测试的"四要素"，分析其中蕴含的科学问题，研究智能测试的一般方法，探索智能测试的规律定理，为实现自动驾驶汽车的智能测试奠定了理论基础。

本章研究的难点集中于如何从基本定义、科学问题、研究方法和规律定理等多个层面分析和解决自动驾驶汽车的智能测试问题，构建具有普适性的智能测试理论。智能测试理论需要适用于多种复杂度场景、多项评价指标和多类型自动驾驶汽车的测试问题，需要有严格的理论证明以保证测试评价结果的科学性，使评价结果能够准确反映自动驾驶汽车在真实驾驶环境中的性能，还需要指明提升测试效率的可行路径，使自动驾驶汽车的智能测试方法更高效可行。

2.1　智能测试"四要素"

本节总结智能测试"四要素"，包括测试场景、测试评价指标、测试场景库和测试方法，抽象出智能测试问题中的关键元素，定义智能测试问题中的基础概念，为后文研究奠定基础。

2.1.1 测试场景

测试场景,是指自动驾驶汽车测试过程中的环境集合,包括交通环境、道路环境、天气状况等[54],是自动驾驶汽车测试过程中最基础的元素。如图 2.1 所示,自动驾驶汽车的测试可以看作对"黑箱"系统的观测,测试场景是"黑箱"系统的观测输入,测试结果是"黑箱"系统的观测输出,测试理论与方法决定了测试场景的设计和测试结果的分析。如果将测试过程看作对自动驾驶汽车的一场"考试",测试场景就是考题,而测试结果就是自动驾驶汽车给出的答卷,测试理论与方法决定了如何设计考题和如何评阅答卷。为了使读者熟悉相关概念,本节将在已有工作基础上提出测试场景的系列定义。

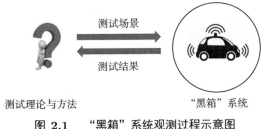

图 2.1 "黑箱"系统观测过程示意图

测试场景具有复杂性和多样性。测试场景的构成是十分复杂的,一个自动驾驶汽车在高速道路上行驶的场景,包含了高速的车道数量、匝道位置、速度限制、能见度、环境车辆的数量和环境车辆的行驶轨迹等复杂信息。测试场景具有无穷多样性,以测试场景中的交通信息为例,环境车辆的数量、初始状态和轨迹序列都存在多样变化,不同的参数构成了不同的测试场景。

测试场景需要参数化和具体化。通常,人们在谈及"场景"时更多的是提及场景的语义类别,例如跟驰场景、换道场景和超车场景等。然而,对于自动驾驶汽车的测试而言,语义类别层面的"场景"是无法直接测试的。以跟驰场景为例,头车的不同驾驶行为构成了不同的跟驰场景,其对于自动驾驶汽车的测试意义是完全不同的。出于测试需求,场景需要参数化和具体化。

为了更好地分析测试场景的上述性质,下面给出测试场景的相关定义。

第 2 章 自动驾驶汽车智能测试理论研究

定义 2.1 元素：场景中具有一定属性的基本单位，如车辆、行人、道路、天气、信号灯等，记作 $\mathcal{E}$。

定义 2.2 元素状态：元素的属性值，如位置、尺寸、朝向等，记作 $\mathcal{S}_\mathcal{E}$。

定义 2.3 静态元素：不具备空间移动能力的元素，记作 $\mathcal{E}_\mathrm{C}$，即 $\mathcal{S}_{\mathcal{E}_\mathrm{C}}(t) \equiv \mathcal{S}_{\mathcal{E}_\mathrm{C}}, \forall t$，其中 t 表示时间。

定义 2.4 动态元素：具备空间移动能力的元素，记作 $\mathcal{E}_\mathrm{D}$。

定义 2.5 场面：场景某一时刻 t 全部元素状态的集合，记作 $\mathbb{S}(t)$，即

$$\mathbb{S}(t) = \{\mathcal{S}_{\mathcal{E}_\mathrm{C}}, \mathcal{S}_{\mathcal{E}_\mathrm{D}}(t), \forall \mathcal{E}_\mathrm{C}, \forall \mathcal{E}_\mathrm{D}\} \tag{2-1}$$

定义 2.6 场景：场面在全部时间序列上的集合，记作 $\mathbb{S}$，即

$$\mathbb{S} = \{\mathbb{S}(t), \forall t\} \tag{2-2}$$

在上述定义基础上可以更准确地分析场景的性质。

（1）复杂性：由场景中元素的数量决定，即 $\mathcal{E}_\mathrm{C}$ 和 $\mathcal{E}_\mathrm{D}$ 的数量，记作 $N(\mathcal{E}_\mathrm{C})$ 和 $N(\mathcal{E}_\mathrm{D})$。

（2）多样性：由元素状态的取值空间决定，记作 $N(\mathcal{S}_\mathcal{E})$。

（3）具体化：一个场景 $\mathbb{S}$ 需要确定所有的状态取值才能具体化为一个可以测试的场景。

注释 2.1 实践中"场景"的含义经常是不一致的。通常提及的跟驰场景、换道场景和超车场景等是语义上对场景类别的描述，类别划分的方式是基于场景动态元素中车辆元素的相对关系，即跟驰、换道和超车等；而高速场景、有信号灯场景和无信号灯场景等则是基于场景中某类静态元素进行类别划分。以《北京市自动驾驶车辆道路测试管理实施细则》为例，文中提出了高速公路模拟场景、城市测试环境、无标线道路和特定道路场景四个类别的测试场景，在每个类别中又规定了若干子类，详见表 2.1。按照本书的定义，每一个"场景子类"下均有系列场景 $\mathbb{S}$，均可以生成一个场景库。有些研究区分了"场景"和"用例"，以"场景"表示语义类别，以"用例"表示具体化的场景。为了消除歧义，本书统一采用定义 2.6。

表 2.1　北京市自动驾驶系统测试场景类别

场景类别	场景子类
高速公路模拟场景	行驶速度大于 80 km/h，高速公路紧急制动，收费站，公路维修，高速出入口，偶发行人通过，偶发障碍物
城市测试环境	速度受控，交通控制设备，路障，施工道路，停车环境，减速带，行人通行，儿童通行，商业区，无控制设备出入口
无标线道路	坑洼土路，标线模糊或无标线，行人通行，儿童通行，动物通行，无标志十字路口
特定道路场景	四车道主辅路，红绿灯，潮汐车道，导流岛，公交专用道，绿篱
天气场景	白天，夜晚，雨天，雾环境，风，雪

注释 2.2　场景的语义类别是无法直接作为精确的测试场景实施的。表 2.2 为中关村智通智能交通产业联盟发布的《自动驾驶车辆道路测试能力评估内容与方法》，为了评估自动驾驶汽车的综合驾驶能力，联盟提供了一系列测试场景的语义类别描述。以其中的"跟车"场景为例，头车不同的驾驶行为会构成不同的跟车驾驶场景，对自动驾驶跟车能力的要求也是截然不同的。为了准确地测试自动驾驶汽车的跟车能力，需要具体化头车的驾驶行为，即具体化的场景 $\mathbb{S}$，以保证测试场景的准确性和可重复性，进而保证评价的公平性。因此，为了全面评估自动驾驶汽车的跟车能力，需要生成不同头车驾驶行为的跟车场景集合，即跟车行为场景库。

表 2.2　中关村智通智能交通产业联盟自动驾驶汽车测试内容

评估内容	测试场景类别
认知与交通法规遵守能力执行能力	交通标志，交通标线，交通信号灯，交通指挥手势，曲线行驶，直角转弯，起伏路行驶，过限宽门，窄路掉头，坡道停车和起步
应急处置与人工介入能力综合驾驶能力	紧急情况处置，人工介入后的可操作性，紧急停车起步，停车，跟车，换道，直行通过路口，通过人行横道线，路口左转弯，路口右转弯，路口掉头，靠边停车，通过公共汽车站，会车，通过环岛，主辅路行驶，通过模拟苜蓿叶式立交桥，通过学校区域，通过隧道，超车，倒车入库，侧方停车，通过雨区道路，通过雾区道路，通过湿滑路面，通过遗撒路面，避让应急车辆，夜间行驶

注释 2.3 场景的语义类别在实质上提供了场景状态取值空间的约束。根据定义 2.6，场景 $\mathbb{S}$ 包含了大量参数，具有复杂性和多样性。场景的语义类别则约束了场景参数的取值空间。以"跟车"场景为例，场景 $\mathbb{S}$ 中含有动态元素头车，两车之间的状态关系为"跟车"。如果将"跟车"关系以数学方式描述，可以表示为两车之间的距离约束等，其在实质上提供了场景 $\mathbb{S}$ 中的取值约束。

注释 2.4 定义 2.6 同样可以描述连续微观仿真的测试场景。以连续 10 千米的高速驾驶为例，通过对场景 $\mathbb{S}$ 时间序列和元素序列的延伸，场景 $\mathbb{S}$ 可以描述连续的高速驾驶环境。

2.1.2 测试评价指标

测试评价指标是评价自动驾驶汽车性能的依据。测试的直接目标是通过分析测试结果得到测试指标意义上自动驾驶汽车的性能表现。测试评价指标应具有客观性和全面性，因其对自动驾驶汽车的测试过程具有极大的影响。

当前绝大多数自动驾驶汽车的测试研究都把安全性作为自动驾驶汽车主要的测试性能[55]。安全性能是自动驾驶汽车的基石，是自动驾驶汽车能否社会化运营的决定性影响因素。安全性能也是自动驾驶汽车发展的重要优势之一。据研究，94% 的交通事故与人类驾驶员的错误有关[56]，自动驾驶汽车具有大幅减少交通事故的潜力。为了定量衡量自动驾驶汽车的安全性，当前的自动驾驶汽车公司主要采用接管率（disengagement rate）作为测试评价指标，即自动驾驶汽车在公开道路测试过程中由安全员接管的频率。根据 2018 年加州汽车管理局报告，Waymo 的接管率大约在每 1000 英里 0.09 次，相比 2017 年的接管率下降了约一半。如果每一次安全员接管代表了一次可能的安全隐患，则接管率是自动驾驶汽车在真实驾驶环境中安全性能的定量且相对客观的评价指标。由于道路测试的严重低效性[57]和安全隐患，更多时候自动驾驶汽车的测试过程在仿真平台、封闭测试场和虚实结合平台上进行，此时可以直接采用交通事故率来作为自动驾驶汽车安全性能的测试评价指标[43-44]。

定性的测试评价指标在当前的测试方法中十分常见。类似于人类驾驶资格证书考试过程，将自动驾驶汽车运行在提前设定的若干场景中，由裁判员或专家委员会依据自动驾驶汽车的表现给予评分，得到自动驾驶汽车性能的定性评价。值得注意的是，虽然此种情况下也可以设计一个具体的分值，如 1～10 分，但评价本质上仍然是定性的，是对"好"与"不好"相对程度的估计。接管率是对自动驾驶汽车在真实驾驶环境中交通事故率的近似评价，本质上是定量评价。

自动驾驶汽车的功能性是衡量自动驾驶汽车驾驶能力的重要体现，在当前的研究中主要采用定性测试评价指标加以衡量。一个安全但过于保守的自动驾驶汽车，将会在真实驾驶环境中"举步维艰"，甚至无法完成车辆行驶的基本任务，如换道、跟驰和超车等，这样的自动驾驶汽车是无法投入实际应用的。功能性也是衡量自动驾驶汽车智能性的重要方面。当前研究主要采用定性测试评价指标对功能性进行衡量，缺乏客观性和全面性。以表 2.2 为例，评估内容中设置了"综合驾驶能力"，试图评价自动驾驶汽车的功能性。然而，由于测试内容中仅设置了对应的测试场景类别，只能得到对自动驾驶汽车相关能力的定性评价，如"具有较好的换道能力"，而对于自动驾驶汽车在真实道路场景中的换道能力缺少客观和全面的评价。

定性测试评价指标不具备客观性和全面性。客观性是指测试评价指标能够衡量自动驾驶汽车在真实驾驶环境中的性能。由于自动驾驶汽车最终是在真实驾驶环境中运行，测试评价指标的客观性十分重要。定性测试评价指标通常只能得到类似"具有较好的换道能力"的评价结果，而对于自动驾驶汽车在真实驾驶环境中的换道成功率、换道安全性等客观性能难以衡量。全面性是指测试评价指标需要考虑到自动驾驶汽车所有可能出现的情况，而定性测试评价指标通常依据提前指定的少数场景中的测试结果进行衡量，不具备全面性。以表 2.2 中的"换道"能力测试为例，在少数提前指定的换道场景中测试自动驾驶汽车，并根据表现评价其换道能力。然而，真实驾驶环境中存在若干种换道场景，少数场景与真实换道场景的统计学关系不清晰，测试评价指标的全面性难以保障。

2.1.3 测试场景库

测试场景库是指针对测试场景和测试评价指标，由系列测试场景组成的集合。测试场景库决定了自动驾驶汽车测试的场景内容，影响测试过程的准确性和高效性。在定义 2.6 的基础上，本节提出场景库的定义如下。

定义 2.7 场景库：场景 $\mathbb{S}$ 的一个集合，记作 $\mathbb{L}$，即

$$\mathbb{S} \in \mathbb{L} \tag{2-3}$$

注释 2.5 场景库是不唯一的，场景 $\mathbb{S}$ 的任意集合均构成场景库。假设存在以下场景 $\mathbb{S}_0, \mathbb{S}_1, \mathbb{S}_2, \cdots, \mathbb{S}_N$，则任意集合均构成一个场景库，如 $\{\mathbb{S}_0, \mathbb{S}_1, \mathbb{S}_2\}$，$\{\mathbb{S}_2, \mathbb{S}_N\}$，$\{\mathbb{S}_1, \cdots, \mathbb{S}_N\}$ 等。

注释 2.6 实践中有时采用"场景库"表示场景的语义类别集合，与本书所定义的场景库概念不同。表 2.2 列出的场景语义类别集合在实践中也经常被称为"场景库"，然而如同注释 2.2 所示，场景的语义类别集合无法直接在测试过程中使用，需要进一步明确场景中的具体参数和状态取值，场景的语义类别才能具体化为可测试的场景。对于每一个参数和状态明确取值空间，方能构成如定义 2.7 所示的场景库。

注释 2.7 场景的语义类别在本质上是为场景库提供了边界约束。例如"跟车"场景类别，对场景的元素种类、数量、相对关系等均有一定的约束，满足此类约束的场景才能称为"跟车场景"，记为 Ω。此时，跟车场景类别下的场景库 $\mathbb{L}$ 有

$$\mathbb{L} \subset \Omega \tag{2-4}$$

此时的场景库也可以称为"跟车场景库"。

注释 2.8 通常所提到的场景——"参数泛化"是场景库的一种生成方法。"参数泛化"通常是指基于已知的典型场景，通过泛化场景中的参数，得到与该典型场景相似的场景集。根据本书的定义，该场景集可以构成一个场景库。因此，"参数泛化"是场景库生成的一种方法。

2.1.4 测试方法

测试方法是指针对某类测试场景，基于测试场景库，通过测试平台观察自动驾驶汽车的表现，以获得测试评价结果的方法。测试方法包括三个部分：基于场景库的采样策略，测试平台，以及测试评价指标计算方法。

基于场景库的采样策略本质上是从场景库 $\mathbb{L}$ 到测试场景序列 $\{\mathbb{S}_i, 1 \leqslant$

$i \leqslant k$} 的映射 $\bar{P}$，其中 k 为实际测试场景的数量，即

$$\bar{P}: \mathbb{L} \to \{\mathbb{S}_i, 1 \leqslant i \leqslant k\} \tag{2-5}$$

测试平台本质上是从测试场景到测试结果的观测过程，以 I 表示测试结果，则有

$$\{\mathbb{S}_i, 1 \leqslant i \leqslant k\} \to \{I(\mathbb{S}_i), 1 \leqslant i \leqslant k\} \tag{2-6}$$

测试评价指标评估方法则是通过对测试结果的分析得到评价指标意义上自动驾驶汽车的性能表现，以 μ 表示测试评价指标，则有

$$\{I(\mathbb{S}_i), 1 \leqslant i \leqslant k\} \to \mu \tag{2-7}$$

2.2 智能测试"四要素"研究

本节研究自动驾驶汽车智能测试的"四要素"，概括自动驾驶汽车智能测试中的科学问题。

（1）测试场景建模：如何建模测试场景？
（2）测试评价指标设计：如何设计并衡量测试评价指标？
（3）测试场景库生成：如何针对场景和指标需求生成测试场景库？
（4）测试方法研究：如何设计采样策略和测试平台，并分析测试结果以估计自动驾驶汽车在测试指标上的表现？

上述科学问题紧密相关并且互相影响，需要基于共同的理论基础加以解决。下面分别对"四要素"中的科学问题进行分析，并总结当前主要的解决方法和不足。

2.2.1 测试场景建模

测试场景建模的主要目标是构建测试场景的决策变量并简化决策变量的复杂性。根据定义 2.6，场景 $\mathbb{S}$ 包含测试环境中一切静态元素和动态元素在时间和空间维度上的状态演变，具有复杂性和多样性。为了使测试可行，通常对测试场景设置一定的约束，使 $\mathbb{S}$ 中的大量参数采用固定值，而少数关键参数成为决策变量。因此，测试场景建模问题的关键就在于决策变量的选取和构建。

为了解决上述问题，研究人员提出了多种测试场景建模方法。Li 等[33]将测试场景建模为一系列指定任务的时空组合，任务中预定义了场景中多数元素的状态演变规律，并将场景的决策变量建模为任务起止的时空坐标。Zhou 等[32]将测试场景分解为若干个基础场景和一系列的场景组合规则，通过基础场景的组合构建复杂场景，并将场景的决策变量建模为基础场景的种类、数量和选取的组合规则。欧洲的 PEGASUS 项目[58]提出了一种三层框架来建模测试场景，包括功能场景、逻辑场景和具体场景。功能场景描述场景的语义类别，如跟驰、换道、切车和超车等；逻辑场景描述车辆元素之间的逻辑关系，如背景车辆从左侧或右侧超车；具体场景则描述具体化场景的变量，如背景车辆从左侧超车时的距离和速度。通过这种建模方法，可以假设测试场景中功能层和逻辑层的参数为常数，测试场景的决策变量则可以简化为具体场景中的变量，问题复杂度得到减小。

上述测试场景建模方法均通过预定义一定规则提供场景约束，简化场景的决策变量。然而，自动驾驶汽车测试过程中场景的建模需要考虑测试的需求，特别是对于 L3 和 L4 级别的自动驾驶汽车，测试场景建模需要考虑自动驾驶汽车的运行设计域（operational design domain, ODD）[55,59]，运行设计域会提供更合理的测试场景边界约束。如果自动驾驶汽车运行设计域的描述与上述方法不同，那么测试场景的建模将遇到困难。例如，如果自动驾驶汽车的运行设计域定义为一定规格的高速道路行驶，而高速行驶中包含了跟驰、换道和切车等一系列功能场景及其组合，那么此时的测试场景难以直接采用上述已有方法建模。

2.2.2 测试评价指标设计

测试评价指标设计的关键在于设计定量的测试评价指标以客观和全面地评价自动驾驶汽车的性能。测试评价指标设计方法应适用于自动驾驶汽车的安全性和功能性等多角度的评价。在当前已有测试评价指标中，以安全性测试为主，主要有接管率和交通事故率两项指标，而接管率也可以看作对交通事故率的一种估计。为了衡量接管率，多数计算机仿真平台依据自然驾驶数据（naturalistic driving data, NDD）生成测试仿真环境，估计自动驾驶汽车的真实交通事故率。

功能性定义了自动驾驶汽车完成特定任务的能力，是自动驾驶汽车"智能"的重要体现。以自动驾驶汽车在高速公路换道至最右侧车道并驶离匝道口的功能为例，多辆背景车辆可能行驶于最右侧车道，如果自动驾驶汽车过于保守并试图与所有车辆保持过远距离，自动驾驶汽车将无法在预定的距离内完成换道并驶离高速。因此，功能性的测试评价指标对于自动驾驶汽车的测试评价具有重要意义。当前的研究中缺乏对功能性的定量指标，特别是具有客观性和全面性的评价指标。

2.2.3 测试场景库生成

测试场景库生成的目标在于生成一个场景集合，使集合中包含自动驾驶汽车测试所需要的关键测试场景。为此，测试场景库生成问题可以分解为两个部分：

（1）如何定义并估计测试场景的测试关键度；

（2）如何搜索关键测试场景。

场景的"测试关键度"定义是场景库生成的基础，其中蕴含着一个基本问题：如何在实车测试前衡量一个场景对于评价自动驾驶汽车的价值？许多研究试图解答这个基本问题。在很多的工程实践中，场景的测试关键度是由专家讨论决定的，即专家经验法[27-28]，缺乏理论基础。极端生成法[34]认为最危险的场景即最有测试价值的，然而最危险的场景在自然驾驶环境中的曝光频率可能是极低的，不能代表自动驾驶汽车的安全性能，并且过于严苛的测试环境也无法区分自动驾驶汽车的安全性能优劣。临界生成法[38]认为自动驾驶汽车性能边界的场景是最有测试价值的，例如自动驾驶汽车的性能从安全到危险的边界场景，测试此部分场景有助于探索自动驾驶汽车发生性能变换的原因。然而，不同的自动驾驶汽车存在不同的性能边界，在实车测试之前难以确定。加速验证方法[43-44]认为在自然驾驶数据中小概率发生场景更具有测试价值，然而该定义存在以下不足：首先，小概率场景不一定是具有挑战性的场景，极端安全的场景也可能是小概率的，需要引入额外的专家经验；其次，小概率场景和极端场景具有类似的问题，自动驾驶汽车在极小概率场景中的性能表现并不能决定其在自然驾驶场景中的真实性能。

关键度定义的难点在于实现准确性、高效性和普适性。准确性是指关键度定义理论上应准确衡量一个场景对自动驾驶汽车测试的价值。高效性是指将关键度定义应用到智能测试理论后，能够实现对自动驾驶汽车的高效测试。普适性是指关键度定义应适用于多种复杂度场景。已有关键度定义缺乏理论基础，准确性、高效性和普适性无法保证。

基于测试关键度定义，如何高效搜索关键测试场景是场景库生成的另一个重要问题。关键场景的搜索方法与场景的复杂度紧密相关，当前的主要搜索方法均集中在低复杂度场景中，如穷举搜索法[58]按照一定离散精度遍历全部的测试场景取值空间，迭代搜索法[38]通过实车测试迭代寻找关键场景，启发式搜索法[43]设计一定的函数形式和启发式搜索规则基于实车测试进行搜索。上述方法均面临"维度灾难"的问题，对于中复杂度和高复杂度场景均无法实施。

2.2.4 测试方法研究

测试方法主要包括采样策略、测试平台和指标评估 3 个部分。当前的测试平台可以分为计算机仿真平台、封闭测试场、真实道路和虚实结合平台。不同的测试平台有各自的优势和劣势，在自动驾驶汽车的测试过程中互相补充。采样策略决定如何基于测试场景库选取测试场景，指标评估决定如何基于测试结果估计自动驾驶汽车在评价指标上的数值。当前实践中多数采样策略都是遍历方法，即将场景库中的场景逐个测试，如遍历表 2.1 和表 2.2 中的测试场景。然而，这种方法存在两个弊端：一是效率低，对于场景数量较多的场景库而言，测试的经济和时间成本都较高；二是仅适用于离散场景库，无法适用于场景参数连续的场景库。为了解决这个问题，研究人员提出基于概率统计的采样方法。最常用的方法是基于自然驾驶数据的原始蒙特卡罗方法（crude Monte Carlo method）[60-62]。根据场景在自然驾驶数据中出现的曝光频率采样，得到测试场景序列用来测试自动驾驶汽车，将测试结果的平均值作为对测试评价指标的估计。可以证明该测试方法与真实道路测试本质上等效。然而，由于自然驾驶数据中关键场景出现的稀疏性，研究证明原始蒙特卡罗方法即使在低复杂度场景下也是十分低效的[57]。针对这个问题，加速验证方法[43]（accelerated evaluation，AE）引入了重要性采样理论，根据场景的重要性进行采样测试，极大地提升了低复杂度测试场景测试的效率。然而，测试场景重要性函数的生成问题没有得到合理的解决，加速验证方法在中高复杂度场景下的测试效率与可行性受到挑战。

2.3 智能测试方法研究

本节研究智能测试理论的基础方法，包括测试场景建模方法、测试评价指标设计方法、测试场景库生成方法和测试方法研究，为"四要素"中科学问题的解决提供方法框架。图 2.2 为智能测试方法的框架图。本节提出的方法也为场景库生成问题的解决提供了重要基础。

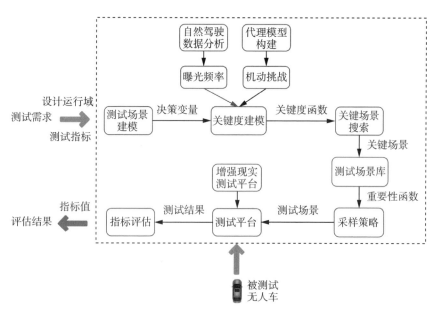

图 2.2　自动驾驶汽车智能测试基础方法框架图

2.3.1　测试场景建模方法

测试场景建模方法的目标是构建测试场景的决策变量并简化决策变量的复杂性。本书引入设计运行域的概念，从自动驾驶汽车测试的需求出发，提出适用于设计运行域的测试场景建模方法，更具有普适性和可行性。

设计运行域的提出是为了解决自动驾驶汽车的适用性问题。在自动驾驶汽车实现全场景的自动驾驶之前，需要为自动驾驶汽车划定适用的范围。因此，自动驾驶汽车测试的需求是评价其在设计运行域中的性能。测试场景的范围应该与自动驾驶汽车的设计运行域一致，超出设计运行域的测试场景是无意义的。设计运行域的英文描述为"A description of the specific operating conditions in which a self-driving system is designed to properly operate, including but not limited to roadway types, speed range, environmental conditions (weather, daytime/nighttime, etc.), and other domain constraints"[55,59]。基于上述描述，本书定义设计运行域如下。

定义 2.8 设计运行域是指自动驾驶汽车能够良好运行的条件约束集合，包括且不限于道路类型、速度区间、环境条件（天气、白天、黑夜等）及其他的条件约束。

注释 2.9 设计运行域描述了自动驾驶汽车的测试场景需求，提供了场景 $\mathbb{S}$ 最直接的取值约束。约束反映在两个方面，一个是对参数取值的唯一确定，另一个是对参数取值的范围约束。前一个约束是场景中的常量，而后一个约束是对场景中的变量提供了取值边界。测试场景决策变量建模的关键是对变量和变量约束的描述。

在上述定义的基础上，本书提出面向运行设计域的测试场景建模方法。运行设计域中确定取值的常量参数采用 θ 表示，其他参数采用决策变量 x 表示，决策变量约束用 $\mathbb{X}$ 表示，则有

$$\mathbb{S} = \{\theta, x\}, x \in \mathbb{X} \tag{2-8}$$

设计运行域中的 θ 取值不变，每一组决策变量 x 的取值唯一对应一个具体的测试场景，即在设计运行域条件下，决策变量 x 和测试场景 $\mathbb{S}$ 一一对应：

$$x \xleftrightarrow{\theta} \mathbb{S}, x \in \mathbb{X} \tag{2-9}$$

例如，θ 刻画了道路信息、速度限制、天气信息，以及存在一辆背景车辆；x 表示背景车辆的加速度序列，则每一组 x 取值具体决定了一个跟驰测试场景，而 x 的一个取值集合决定了跟驰场景下的一个测试场景库，记为 Φ，即

$$\Phi \xleftrightarrow{\theta} \mathbb{L} \tag{2-10}$$

根据测试需求，决策变量 x 在建模过程中允许存在一定的近似。根据定义 2.6，场景 $\mathbb{S}$ 包含了一切静态元素和动态元素在时间和空间上的状态演变。场景 $\mathbb{S}$ 的定义具有完备性，但考虑到现实场景的复杂性，设计运行域中对一些元素参数的定义可能是忽略的。例如，设计运行域定义了场景在白天运行，但是忽略了风速，此时决策变量的建模需要依据测试的需求而定，如果忽略风速对自动驾驶汽车的影响，则决策变量中不需要包含风速变量。考虑到自动驾驶汽车测试通常遵循由简至繁、由易至难的原则，决策变量建模过程中存在一定的近似是合理的。

注释 2.10 经过式（2-8）的建模后，场景决策变量 x 仍然可能是高维的和复杂的，特别是对中、高复杂度场景，场景库的生成将会遇到困难。为了解决这个问题，需要进一步引入马尔可夫性和独立性等特性，挖掘场景决策变量内部的结构特性，进一步简化决策变量的复杂度。由于本章介绍智能测试的基本原理，为不失一般性，采用 x 表达决策变量，后文将根据场景特性提出基于马尔可夫决策过程的决策变量建模方法。

本节提出的建模方法是 PEGASUS 项目[58]中三层框架方法的拓展。如果设计运行域按照三层框架结构定义，则决策变量 x 可以简化为仅包含具体层的参数，功能层和逻辑层的参数由 θ 定义。但如果设计运行域没有按照该三层框架结构定义，那么本书采用的建模方法具有更好的普适性。例如，自动驾驶汽车的设计运行域是在一定特征的高速公路上，考虑到高速公路行驶的复杂性，无法将测试场景简单划分为跟驰场景或换道场景，而应在 θ 中定义高速公路的特征，在 x 中包含高速公路中背景车辆的数目、初始状态和运动轨迹等变量，以准确地描述和建模测试场景。以 m 辆背景车辆为例，将车辆 i 在时间 t 的状态记作 $s_i(t)$，将场景的决策变量建模为

$$x = \begin{bmatrix} s_1(0) & \cdots & s_1(t) \\ \vdots & \ddots & \vdots \\ s_m(0) & \cdots & s_m(t) \end{bmatrix}, x \in \mathbb{X} \qquad (2\text{-}11)$$

其中，$\mathbb{X}$ 由设计运行域和车辆之间的约束决定。因此，本节提出的测试场景建模方法具有很好的普适性。

2.3.2 测试评价指标设计方法

为克服单一安全性评价所带来的局限性，本书提出了多层次的测试评价指标体系，包括安全性、功能性、移动性和舒适性，如图 2.3 所示。安全性是自动驾驶汽车实际应用的基础和必要条件；功能性定义了自动驾驶汽车完成特定任务的能力，是自动驾驶汽车"智能"的重要体现；移动性用来衡量自动驾驶汽车在完成一系列驾驶任务时的效率性；而舒适性是衡量自动驾驶汽车乘客在生理和心理上的舒适程度。在当前的自动驾驶汽车研发技术层面，安全性和功能性是自动驾驶汽车评价的关键角度。自动驾驶汽车只有在没有人类接管的条件下能够安全地完成各项驾驶任务，才能真正在社会中得到广泛应用。因此，本书将主要研究安全性和功能性的评价。

图 2.3 多层测试评价指标体系示意图

针对安全性和功能性，本书提出统一的测试评价指标设计方法。首先提出以下相关定义。

定义 2.9 兴趣事件：自动驾驶汽车在测试场景中产生预定义状态的事件，记为 A。

注释 2.11 兴趣事件的定义与测试需求相关。对于安全性测试，兴趣事件可以定义为交通事故事件；对于功能性测试，兴趣事件可以定义为某项功能失败事件。

定义 2.10 兴趣事件率：自动驾驶汽车在设计运行域约束的自然驾驶环境中发生兴趣事件的概率，记为 $P(A|\theta)$。

注释 2.12 兴趣事件率是对自动驾驶汽车性能的客观和全面的评价。一方面，兴趣事件率是衡量自动驾驶汽车在自然驾驶环境中的相关性能，是对自动驾驶汽车真实道路运行后性能的预估，具有客观性；另一方面，兴趣事件率是全部测试场景下的期望，即

$$P(A|\theta) = \sum_{x \in \mathbb{X}} P(A|\theta, x) P(x|\theta) \tag{2-12}$$

具有全面性。

下面通过安全性和功能性评价的典型案例来阐述兴趣事件率的物理含义。首先，以最常用的切车场景为例，一个背景车辆在自动驾驶汽车前方以一定的相对距离和相对速度换道至自动驾驶汽车所在车道，该场景下是否发生事故则由自动驾驶汽车对背景车辆的响应行为决定。改变切车时刻背景车辆的相对距离和相对速度，产生不同的切入测试场景，并记录相应的事故发生情况，则可以估计自动驾驶汽车在切车场景下的事故率。此时兴趣事件 A 表示事故事件，兴趣事件率 $P(A|\theta)$ 表示切车场景下的交通事故。其次，以自动驾驶汽车在高速公路换道至最右侧车道并驶离匝道口的功能为例，多辆背景车辆可能行驶于最右侧车道，此时 A 表示驶离匝道口任务失败事件，$P(A|\theta)$ 则表示驶离匝道口任务的失败率。

2.3.3 测试场景库生成方法

本节首先基于蒙特卡罗方法分析测试场景库的数学本质，然后提出测试场景的关键度建模方法。测试场景的关键度建模方法是解决场景库生成问题的关键和基础。

1）测试场景库数学本质分析

真实道路测试在本质上以自然驾驶场景作为测试场景库，并以场景的曝光频率作为场景的测试关键度。具体地，如果自动驾驶汽车行驶在自然驾驶道路中，经历了 n 次测试场景（场景满足条件 θ），发生了 m 次兴趣事件（例如，事故事件或任务失败事件），则该自动驾驶汽车的测试评价指标 $P(A|\theta)$ 可以估计为 m/n。考虑到贝叶斯概率公式和蒙特卡罗估计理论，$P(A|\theta)$ 有以下关系式：

$$\begin{aligned} P(A|\theta) &= \sum_{x \in \mathbb{X}} P(A|x, \theta) P(x|\theta) \\ &\approx \frac{1}{n} \sum_{i=1}^{n} P(A|x_i, \theta), x_i \sim P(x|\theta) \\ &\approx \frac{m}{n} \end{aligned} \tag{2-13}$$

其中，x 表示测试场景的决策变量，$\mathbb{X}$ 表示变量 x 的可行集合，$P(A|x,\theta)$ 表示自动驾驶汽车在特定测试场景 (x,θ) 下的发生兴趣事件的概率，$P(x|\theta)$ 表示兴趣事件率，$x_i \sim P(x|\theta)$ 表示测试场景 x_i 依据 $P(x|\theta)$ 的概率分布采样得到。式（2-13）后两个约等号由蒙特卡罗估计理论得到[57]。因此，如果将 x 的全部可行集 $\mathbb{X}$ 看作测试场景库，将场景在自然驾驶数据中的曝光频率 $P(x|\theta)$ 作为场景的测试关键度，并基于关键度进行采样生成测试场景，则测试方法数学上等效于真实道路测试方法。

测试场景库生成在本质上是构建一个新的概率分布函数 $q(x)$，在式（2-13）中代替 $P(x|\theta)$ 作为新的测试场景采样函数。根据重要性采样理论[63]，如果 $q(x)$ 满足以下条件：

$$P(A|x,\theta)P(x|\theta) > 0 \Longrightarrow q(x) > 0 \qquad (2\text{-}14)$$

则测试评价指标可以估计为

$$\begin{aligned} P(A|\theta) &= \sum_{x \in \mathbb{X}} P(A|x,\theta)P(x|\theta) \\ &= \sum_{x \in \mathbb{X}} \frac{P(A|x,\theta)P(x|\theta)}{q(x)} q(x) \\ &\approx \frac{1}{n} \sum_{i=1}^{n} \frac{P(x_i|\theta)}{q(x_i)} P(A|x_i,\theta), x_i \sim q(x) \end{aligned} \qquad (2\text{-}15)$$

如果 $q(x)$ 能够增加关键测试场景的采样概率，则测试过程中可以测试更多的关键场景，自动驾驶汽车的测试效率将得到提升。因此，测试场景库成为自动驾驶汽车测试效率的关键。在加速验证方法[43]中，由于自然驾驶场景中绝大多数是非关键测试场景，由启发式方法得到的低复杂度测试场景库能够很好地提升自动驾驶汽车的测试效率。然而，由于没有合适的测试场景关键度建模方法，加速验证方法仅适用于低复杂度场景。本章目标在于提出适用于多种复杂度场景、多项测试评价指标和多类型自动驾驶汽车智能测试理论。为了实现这个目标，场景的测试关键度需要科学合理地建模。

2）测试关键度建模方法

本节提出基于机动挑战和曝光频率的测试关键度建模方法，并定性地讨论其合理性。2.4 节将定量地对关键度建模方法进行严格论证，讨论其准确性、高效性和普适性。机动挑战——衡量场景对于自动驾驶汽车在测试评价指标意义下的挑战性,如安全性评价指标下的场景危险性和功能性评价指标下的任务难度等。曝光频率——衡量自动驾驶汽车在自然驾驶环境中遭遇场景的可能性。一个场景的测试关键度是由该场景的机动挑战和曝光频率两个因素共同决定的。

对于测试场景 (x, θ),本书提出测试关键度的定义为

$$V(x|\theta) \stackrel{\text{def}}{=\!=} P(S|x,\theta)P(x|\theta) \tag{2-16}$$

其中,x 和 θ 分别表示决策变量和设计运行域常量(2.3.1 节),S 表示代理模型(surrogate model,SM)所发生的兴趣事件(例如,事故事件和任务失败事件)。代理模型的引入是为更好地衡量不同类型自动驾驶汽车的共同特征。类似于人类驾驶员模型,虽然不同的人类驾驶员有不同的驾驶风格,但驾驶员的共同特征仍然可以通过模型刻画,对涉及人类驾驶员的多类应用有重要意义(如交通规划、交通管理和交通控制等)。自动驾驶汽车的共同特征刻画了一个成熟自动驾驶汽车的基本行为准则,例如与周围车辆保持安全距离。

类似于人类驾驶员行为建模[64],一个理想的自动驾驶汽车代理模型应该基于不同类型自动驾驶汽车的大量运行数据建立。然而在当前阶段,可用于公共研究的自动驾驶汽车行驶数据十分有限,直接采用自动驾驶汽车数据建模的方法尚不可行。作为当前阶段的解决方法,本书采用人类驾驶员模型作为自动驾驶汽车的代理模型。考虑以下三点原因,人类驾驶员模型作为自动驾驶汽车代理模型有一定的合理性:① 人类驾驶员的共同特征是评估自动驾驶汽车性能的天然基准,对人类驾驶员危险或困难的场景是最直接的测试自动驾驶汽车的场景。② 自动驾驶汽车在本质上是人工智能的具体应用,其目标正是达到甚至超越人类智能[2]。许多自动驾驶汽车算法也正是通过模仿人类驾驶员的行为获得,例如端到端学习方法[65-66]。③ 在有人车和自动驾驶汽车共存的混合交通状态中,一个"拟人化"的自动驾驶汽车更不容易因为不寻常的操作给人类驾驶员带来安全上的困扰。因此,道路友好性(roadmanship)也常作为自动驾驶汽车评价的指标[26]。所以,采用人类驾驶员的共同特征作为自动驾驶汽车的代理模型有一定的合理性。

在定性意义上,式(2-16)所定义的测试关键度具有合理性。在传统研究中,测试关键度的定义过于关注低曝光频率场景。例如,极端场景测试方法[34]中仅考虑最危险的场景;类似地,加速验证方法[44]中也仅关注低曝光频率场景。然而,用曝光频率来横向测试关键度是不合理的:① 对于安全性评价,低曝光频率场景通常是极端危险或极端安全场景。虽然通过先验知识排除极端安全场景后,低曝光频率场景可以代表极端危险场景,但对于功能性评价,低曝光频率场景和高机动挑战性之间不存在显性关系。② 对于同样的机动挑战场景,高曝光频率场景更有测试价值。高曝光频率代表场景在现实道路中的重要性,自动驾驶汽车在高曝光频率场景中的行为对其现实道路中的性能表现更有决定性意义。相反,低曝光频率场景的自动驾驶汽车性能的影响相对有限。举一个极端例子来定性说明这个问题,彗星撞击自动驾驶汽车是极端危险的,然而考虑到该场景的极端低曝光频率,自动驾驶汽车在该场景下的测试几乎是没有价值的。因此,合理的测试关键度定义需要综合考虑场景的机动挑战性和曝光频率。

式(2-16)提供了综合考虑机动挑战性($P(S|x,\theta)$)和曝光频率($P(x|\theta)$)的定量方法。$P(S|x,\theta)$的物理意义是自动驾驶汽车在一个具体场景(x,θ)中最终发生兴趣事件的概率(例如事故概率或任务失败概率),其衡量的是该场景对自动驾驶汽车的机动挑战性。$P(x|\theta)$的物理意义是该具体场景在自然驾驶环境中发生的概率,衡量的是场景的曝光频率,即自动驾驶汽车在自然道路上行驶,在经历多次设计运行域θ所定义的场景后,其遭遇该具体场景(x,θ)的可能性。两个因素通过乘积定量组合在一起,既符合上述定性分析结果,又可以在后续的理论分析中证明其准确性和高效性。

2.3.4 智能测试方法研究

本节提出自动驾驶汽车智能测试的测试方法,包括采样策略、测试平台和指标评估三个部分。采样策略决定了如何根据测试场景库选择测试场景,为了平衡利用(exploitation)和探索(exploration)之间的关系,本书采用ϵ-贪婪策略;测试平台决定了如何安全、高效和精准地对自动驾驶汽车进行采样场景的测试,作者参与研发了基于增强现实技术

(augmented reality，AR）的测试平台；指标评估决定了如何根据测试结果准确地估计自动驾驶汽车的测试评价指标。

1）采样策略

采样策略的关键是平衡利用和探索之间的关系。在理想情况下，测试场景库涵盖了全部关键测试场景，因此按照场景的关键度进行贪婪采样即可最大限度地利用测试场景库提供的信息。然而，由于自动驾驶汽车的多样性，已生成的测试场景库难以涵盖全部的关键测试场景。为了保证式（2-14）的成立，在利用测试场景库的同时，需要对场景库之外的场景进行一定概率的采样。

为了更好地理解、比较、探索两者之间的关系，本节设计了两种采样策略：贪婪策略和 ϵ-贪婪策略。贪婪策略即完全按照测试场景库中的关键度进行采样，忽略测试场景库之外的场景；ϵ-贪婪策略则是在大多数情况下按照测试场景库进行采样，但在一定概率 ϵ 下对测试场景外的场景进行均匀采样。最终得到的测试场景采样概率分布分别为

$$\bar{P}_1(x_i|\theta) = \begin{cases} \dfrac{V(x_i|\theta)}{W}, & x_i \in \varPhi \\ 0, & x_i \notin \varPhi \end{cases} \tag{2-17}$$

$$\bar{P}_2(x_i|\theta) = \begin{cases} \dfrac{(1-\epsilon)V(x_i|\theta)}{W}, & x_i \in \varPhi \\ \dfrac{\epsilon}{N(\mathbb{X}) - N(\varPhi)}, & x_i \notin \varPhi \end{cases} \tag{2-18}$$

其中，$N(\mathbb{X})$ 表示集合 $\mathbb{X}$ 的大小。对于离散变量，$N(\mathbb{X})$ 为集合内元素的数量；对于连续变量，$N(\mathbb{X})$ 为集合的超体积。集合 $\varPhi$ 表示关键场景集合，即测试场景库，关键场景的阈值选取将在后续做理论分析。ϵ 是采样策略中的探索概率，其取值也将在后续做理论分析。W 是正则化参数

$$W = \sum_{x_i \in \varPhi} V(x_i|\theta) \tag{2-19}$$

2）测试平台

测试平台的关键是如何安全、高效和精准地对自动驾驶汽车进行采样场景的测试。为实现这个目标，笔者参与开发了在美国密西根大学的基于增强现实技术的测试平台[24-25]。如图 2.4 所示，测试平台将仿真测试

中的动态元素与封闭测试场的静态元素结合。自动驾驶汽车在真实世界中的运行状态通过路侧设备传输到仿真平台，同时仿真平台中虚拟车辆的运行状态也被同步传输给自动驾驶汽车。真实世界和仿真平台中的交通控制实现同步控制，仿真平台中的虚拟车辆和真实世界中的自动驾驶汽车实现同步交互。虽然真实世界中并不存在虚拟的车辆，但自动驾驶汽车如同戴上增强现实眼镜感知到了虚拟车，实现了安全、高效和精准的自动驾驶汽车测试。

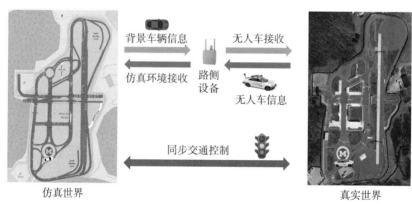

图 2.4 美国密西根大学 Mcity 基于增强现实技术的测试平台示意图

本书作者参与了测试功能的研发

注释 2.13 基于增强现实技术的测试平台能够结合仿真平台和封闭测试场的优势，提升测试的效果，然而本章提出的智能测试理论并不受限于该测试平台，对计算机仿真平台同样适用。

3）指标评估

指标评估决定了如何根据测试结果估计自动驾驶汽车的测试评价指标。根据式（2-15），测试评价指标可以估计为

$$\hat{P}(A|\theta) \stackrel{\text{def}}{=\!=} \frac{1}{n}\sum_{i=1}^{n} \frac{P(x_i|\theta)}{q(x_i)} P(A|x_i,\theta) \qquad (2\text{-}20)$$

其中，$\hat{P}(A|\theta)$ 表示测试评价指标的估计值，$q(x_i)$ 表示结合测试场景库和采样策略之后的最终采样概率分布（式（2-17）和式（2-18）），$P(A|x_i,\theta)$ 由测试结果估计得到。

此处采用估计结果的相对半宽（relative half-width）衡量指标评估的精度。对于 $100(1-\alpha)\%$ 的置信水平，定义相对半宽为

$$l_r = \frac{\varPhi^{-1}(1-\alpha/2)}{\mu_A}\sqrt{\text{Var}(\mu_A)}$$

$$= \frac{\varPhi^{-1}(1-\alpha/2)}{\mu_A}\frac{\sigma}{\sqrt{n}} \tag{2-21}$$

其中，$\mu_A = P(A|\theta)$，$\varPhi^{-1}$ 表示标准正态分布的累积分布函数的逆函数，$\text{Var}(\mu_A) = \sigma^2/n$ 表示评估的方差。对于一个预定的相对半宽 β，理论上最少的测试次数为

$$n \geqslant \left[\frac{\varPhi^{-1}(1-\frac{\alpha}{2})}{\mu_A \beta}\right]^2 \sigma^2 \tag{2-22}$$

2.4　智能测试理论研究

本节研究智能测试的规律定理，包括准确性定理和高效性定理，并对智能测试方法中重要参数（ϵ 和关键场景阈值）的取值选取进行理论论证。本节首先介绍重要性采样理论，然后将自动驾驶汽车智能测试问题建模为稀有事故估计问题，进而论证智能测试的准确性定理和高效性定理。

2.4.1　重要性采样理论与分析

本节着重介绍重要性采样理论（importance sampling theory）[67-75]，为后文正式提出智能测试定理奠定基础。重要性采样理论是机器学习的重要方法之一，常用于稀有事件估计[70]、蒙特卡罗积分[63]等领域。本节首先介绍重要性采样应用的经典问题——稀有事件估计问题，阐述重要性采样的适用范围；其次介绍重要性采样方法的主要机理；最后对重要性采样方法进行理论分析，对方法的准确性和高效性进行讨论。值得指出的是，经过若干年发展，重要性采样理论已经深入多领域，发展出多种扩展和延伸理论，如自正则化重要性采样（self-normalized importance sampling）、混合重要性采样（mixture importance sampling）、多步重要性采样（multiple importance sampling）等。为了保持本书的简洁性，本章主要介绍和本书相关的理论部分。

1）稀有事件估计问题

如果函数 $f(x), x \in \mathbb{X}$，x 服从概率分布 $p(x)$ 且同时满足如下两个性质，则可以利用重要性采样理论估计期望：

$$\mu = E_{x \sim p}[f(x)] \tag{2-23}$$

（1）存在集合 Ω，使得 $f(x)$ 在 $x \notin \Omega$ 上取值为 0；
（2）x 属于集合 Ω 的概率较小，即 $P(x \in \Omega)$ 较小。

如果定义采样到 $x \in \Omega$ 为一个事件，则 μ 表示该事件发生的概率，由于性质（1）和性质（2）的存在，称这样的问题为稀有事件估计问题。传统的蒙特卡罗估计方法通过概率分布 $p(x)$ 对 x 进行采样，以采样到的 $f(x)$ 的数值平均值作为对 μ 的估计，即

$$\begin{aligned} \mu &= E_{x \sim p}[f(x)] \\ &= \int_{x \in \mathbb{X}} f(x)p(x)\mathrm{d}x \\ &\approx \frac{1}{n}\sum_{i=1}^{n} f(x_i), x_i \sim p(x) \end{aligned} \tag{2-24}$$

其中，n 表示采样的次数。然而，由于性质（1）和性质（2）的存在，大多数采样得到的点 x_i 在集合 Ω 之外，无法准确对 μ 进行估计。为了提高估计值的精度，传统蒙特卡罗方法需要极大地提高采样次数，如果采样过程本身需要较高的代价，估计的成本也会大幅提升。类似的问题在能源物理、贝叶斯推断、计算机图像等领域均会出现。

2）重要性采样方法机理

为了解决传统蒙特卡罗方法遇到的困难，研究人员提出重要性采样方法。本质上，对 $x \in \Omega$ 的一次采样意味着对 $f(x)$ 有效区域的一次信息获取。如果多次采样均无法采样到 $x \in \Omega$，则对 μ 的估计只能为 0，而 μ 的决定区域（$f(x \in \Omega)$）的信息则无法增加。因此，直观的想法是增加对 Ω 区域的采样，以更多地获取函数 $f(x)$ 在该区域的信息。

重要性采样方法即在采样过程中按照 x 的重要性而不是概率分布 $p(x)$ 进行采样。根据 x 的重要性生成新的概率分布函数，即重要性分布（importance distribution），依据重要性分布进行采样，以替代原始的概

率分布 $p(x)$。具体地，假设 q 是定义在 $\mathbb{X}$ 上的概率密度函数，并且有 $q(x) > 0$，则可以计算式（2-23）为

$$\begin{aligned} \mu &= E_{x \sim p}[f(x)] \\ &= \int_{x \in \mathbb{X}} f(x)p(x)\mathrm{d}x \\ &= \int_{x \in \mathbb{X}} \frac{f(x)p(x)}{q(x)} q(x)\mathrm{d}x \\ &= E_{x \sim q}\left[\frac{f(x)p(x)}{q(x)}\right] \end{aligned} \tag{2-25}$$

新得到的期望表达式可以通过传统的蒙特卡罗方法估计，其准确性和高效性将在 2.4.2 节进行理论分析。

更一般地，重要性分布 q 不需要在全部可行集 $\mathbb{X}$ 上满足 $q(x) > 0$ 的条件，而是满足以下条件即可：

$$f(x)p(x) \neq 0 \Longrightarrow q(x) > 0 \tag{2-26}$$

直观上，上述条件是为了保证所有对 μ 做出贡献的区域均存在被采样的概率。定义集合 $\mathbb{Q} = \{x|q(x) > 0\}$，则存在

$$\mathbb{Q} = \mathbb{X} + \mathbb{Q} \cap \mathbb{X}^c - \mathbb{X} \cap \mathbb{Q}^c \tag{2-27}$$

其中，$\mathbb{X}^c$ 代表集合 $\mathbb{X}$ 的补集。对于 $\mathbb{X}$ 是全集的情况，其补集是空集。因此，可以改写式（2-25）为

$$\begin{aligned} \mu &= \int_{x \in \mathbb{X}} f(x)p(x)\mathrm{d}x \\ &= \int_{x \in \mathbb{X}} f(x)p(x)\mathrm{d}x + \int_{x \in \mathbb{Q} \cap \mathbb{X}^c} f(x)p(x)\mathrm{d}x - \int_{x \in \mathbb{X} \cap \mathbb{Q}^c} f(x)p(x)\mathrm{d}x \\ &= \int_{x \in \mathbb{Q}} f(x)p(x)\mathrm{d}x \\ &= E_{x \sim q}\left[\frac{f(x)p(x)}{q(x)}\right] \end{aligned} \tag{2-28}$$

3) 重要性采样理论分析

本节对重要性采样方法进行理论分析，研究其准确性和高效性。首先，对式（2-28）的无偏性进行分析，以证明该方法的准确性；其次，对式（2-24）和式（2-28）的方差进行理论分析；最后，基于上述理论分析，研究该方法在效率上提升所需的条件。

首先，对式（2-28）做蒙特卡罗估计可得 μ 的估计值为

$$\hat{\mu}_q = \frac{1}{n}\sum_{i=1}^{n}\frac{f(x_i)p(x_i)}{q(x_i)}, x_i \sim q \tag{2-29}$$

其中，n 表示采样的次数。根据大数定理和中心极限法则，引理 2.1 可以证明 $\hat{\mu}_q$ 估计的无偏性。

引理 2.1 如果式（2-14）成立，则 $\hat{\mu}_q$ 是 μ 的一个无偏估计，即 $E(\hat{\mu}_q) = \mu$。

证明 由式（2-29）可知

$$\begin{aligned} E(\hat{\mu}_q) &= \frac{1}{n}E\left[\sum_{i=1}^{n}\frac{f(x_i)p(x_i)}{q(x_i)}\right] \\ &= \frac{1}{n}\sum_{i=1}^{n}E\left[\frac{f(x_i)p(x_i)}{q(x_i)}\right] \\ &= \mu \end{aligned} \tag{2-30}$$

引理得证。 □

其次，对式（2-24）和式（2-28）的方差进行分析。根据方差的定义，可以得到式（2-24）的方差为

$$\begin{aligned} \mathrm{Var}_p(\hat{\mu}_p) &= \mathrm{Var}_p\left[\frac{1}{n}\sum_{i=1}^{n}f(x_i)\right] \\ &= \frac{1}{n}\mathrm{Var}_p[f(x)] \\ &= \frac{1}{n}\left\{E_p\left[f^2(x)\right] - \mu^2\right\} \\ &= \frac{1}{n}\left[\int_{x\in\mathbb{X}}f^2(x)p(x)\mathrm{d}x - \mu^2\right] \end{aligned} \tag{2-31}$$

类似地,可以得到式(2-28)的方差,见引理 2.2。

引理 2.2　如果式(2-14)成立,则式(2-28)的方差为

$$\operatorname{Var}_q(\hat{\mu}_q) = \frac{\sigma_q^2}{n} \tag{2-32}$$

其中,有

$$\begin{aligned}
\sigma_q^2 &= \int_{x \in \mathbb{X}} \frac{[f(x)p(x)]^2}{q(x)} \mathrm{d}x - \mu^2 \\
&= \int_{x \in \mathbb{X}} \frac{[f(x)p(x) - \mu q(x)]^2}{q(x)} \mathrm{d}x
\end{aligned} \tag{2-33}$$

证明　类似于式(2-31)的推导过程,可以得到式(2-33)的第一个等式

$$\begin{aligned}
\operatorname{Var}_q(\hat{\mu}_q) &= \frac{1}{n} \operatorname{Var}_q \left[\frac{f(x)p(x)}{q(x)} \right] \\
&= \frac{1}{n} \left\{ \int_{x \in \mathbb{X}} \frac{[f(x)p(x)]^2}{q(x)} \mathrm{d}x - \mu^2 \right\}
\end{aligned} \tag{2-34}$$

进一步地,考虑以下等式:

$$\int_{x \in \mathbb{X}} q(x) \mathrm{d}x = 1, \int_{x \in \mathbb{X}} f(x) p(x) \mathrm{d}x = \mu \tag{2-35}$$

可以推导得到式(2-33)的第二个等式。综上,引理 2.2 得到证明。　□

最后,基于上述理论分析结果,研究重要性采样方法在效率上提升所需的条件。由于 $\hat{\mu}_q$ 的置信区间主要由其方差决定,σ_q^2 越小,则获得相同置信区间所需要的采样次数越少,采样方法的效率越高。由式(2-33)的第二个等式可知,当重要性分布 $q(x)$ 额外满足以下条件时,方差为最小值 $\sigma_q^2 = 0$:

$$q(x) = \frac{f(x)p(x)}{\mu}, \forall x \in \mathbb{X} \tag{2-36}$$

然而,由于 μ 正是稀有事件估计问题中需要估计的值(式(2-23)),式(2-36)是无法直接计算的。虽然如此,式(2-36)提供了降低方法方差、

提升方法效率的理论基础。对于具体问题和应用，式（2-36）可以通过领域知识估计。在本章的后续内容中，自动驾驶汽车智能测试的场景库生成方法即在此基础上发展而来。

2.4.2 自动驾驶汽车智能测试理论

自动驾驶汽车的智能测试问题可以建模为稀有事件估计问题。如式（2-23）所示，其中 x 表示测试场景的决策变量；$p(x)$ 表示场景在自然驾驶环境中的曝光频率；$f(x)$ 表示自动驾驶汽车在测试场景 x 上的性能表现；对 $f(x)$ 的期望即表示自动驾驶汽车在自然驾驶环境中的性能表现，如事故率。考虑到自动驾驶汽车发生事故是小概率事件，自动驾驶汽车事故率的估计问题本质上成为了稀有事件估计问题。智能测试的目标之一就是加速稀有事件估计的速度。

基于重要性采样理论，本节分析智能测试方法的准确性、高效性和普适性。准确性是指上述测试方法体系测试结果的准确性；高效性是指上述测试方法体系采用较少的测试次数可以得到较高的测试精度；普适性是指上述测试方法体系适用于多种复杂度场景、多项评价指标和多类型自动驾驶汽车的场景库生成问题。下面提出智能测试的准确性定理（定理 2.1）和高效性定理（定理 2.2）。

定理 2.1 在上述智能测试方法中，式（2-20）是对测试评价指标的无偏估计，即 $E(\hat{P}(A|\theta)) = P(A|\theta)$，如果满足以下任意一个条件：

（1）采用贪婪采样策略，且存在 $P(A|x,\theta) = 0, \forall x \notin \varPhi$；

（2）采用 ϵ 贪婪策略。

证明 首先证明满足条件（2）时定理成立。根据大数定理可知：

$$P(A|\theta) = \sum_{x_i \in \mathbb{X}} P(A|x_i, \theta) P(x_i|\theta) \tag{2-37}$$

将其代入 ϵ 贪婪策略所产生的采样概率分布，即式（2-18），可得

$$P(A|\theta) = \sum_{x_i \in \mathbb{X}} \frac{P(A|x_i, \theta) P(x_i|\theta)}{\bar{P}_2(x_i|\theta)} \bar{P}_2(x_i|\theta) \tag{2-38}$$

基于蒙特卡罗原理[76]，如果测试场景依据概率分布 $\bar{P}_2(x_i|\theta)$ 采样，则可

以得到 $P(A|\theta)$ 的估计值为

$$\hat{P}(A|\theta) = \frac{1}{n}\sum_{i=1}^{n}\frac{P(A|x_i,\theta)P(x_i|\theta)}{\bar{P}_2(x_i|\theta)} \tag{2-39}$$

如式（2-20）所示。考虑到 $\epsilon > 0$，则 $\bar{P}_2(x_i|\theta) > 0$，满足重要性采样理论的条件式（2-26），因此，根据中心极限定理可以得出

$$E(\hat{P}(A|\theta)) = P(A|\theta) \tag{2-40}$$

下面证明满足条件（1）的定理。考虑以下等式：

$$\begin{cases} P(A|x_i,\theta) = 0, \forall x_i \notin \Phi \\ \bar{P}_1(x_i|\theta) = 0, \forall x_i \notin \Phi \end{cases} \tag{2-41}$$

等效于在测试场景库之外的场景，即 $x \in \Phi$，既不会被采样策略采样，也不存在非 0 的测试评价指标贡献。因此在条件（1）下，测试场景的可行域等价于从 $\mathbb{X}$ 缩小到 Φ。类似于在条件（2）下的证明，可以证明在条件（1）下指标估计是无偏的。 □

定理 2.2 在上述智能测试方法体系中，式（2-20）的估计方差为 0，如果同时满足以下条件：

（1）采用贪婪策略采样；

（2）$P(A|x,\theta) = 0, \forall x \notin \Phi$；

（3）存在常数 $k > 0$，使 $P(A|x,\theta) = kP(S|x,\theta), \forall x \in \mathbb{X}$。

证明 为了降低公式的烦琐性，首先引入以下简化符号：

$$f_A(x) = P(A|x,\theta),$$
$$f_S(x) = P(S|x,\theta),$$
$$p(x) = P(x|\theta),$$
$$q_1(x) = \bar{P}_1(x|\theta),$$
$$q_2(x) = \bar{P}_2(x|\theta),$$
$$\mu = P(A|\theta),$$

第 2 章 自动驾驶汽车智能测试理论研究

$$\mu_S = P(S|\theta),$$
$$\hat{\mu} = \hat{P}(A|\theta) \tag{2-42}$$

根据引理 2.2，可以得到式（2-20）的估计方差为 $\mathrm{Var} = \sigma^2/n$，其中

$$\sigma^2 = \sum_{x_i \in \Phi} \frac{[f_A(x_i)p(x_i) - \mu q_1(x_i)]^2}{q_1(x_i)}$$
$$= \sum_{x_i \in \Phi} \frac{p^2(x_i)}{q_1(x_i)} \left[f_A(x_i) - \mu \frac{q_1(x_i)}{p(x_i)} \right]^2 \tag{2-43}$$

依据条件（2）和式（2-16），可以得出

$$q_1(x_i) = \frac{P(S|\theta, x_i)P(x_i|\theta)}{W}$$
$$= \frac{f_S(x_i)p(x_i)}{W} \tag{2-44}$$

将式（2-44）代入式（2-43）可得

$$\sigma^2 = \sum_{x_i \in \Phi} \frac{p^2(x_i)}{q_1(x_i)} \times \left[f_A(x_i) - \frac{\mu}{W} f_S(x_i) \right]^2 \tag{2-45}$$

考虑到式（1-3），可以得到

$$\frac{\mu}{W} = \frac{P(A|\theta)}{W}$$
$$= \frac{\sum_{x_i \in \Phi} P(A|x_i, \theta)P(x_i|\theta)}{\sum_{x_i \in \Phi} P(S|x_i, \theta)P(x_i|\theta)}$$
$$= k \tag{2-46}$$

将其代入式（2-45）即得

$$\mathrm{Var}(\hat{\mu}) = \sigma^2/n = 0 \tag{2-47}$$

综上，定理 2.2 得到证明。 □

注释 2.14 自动驾驶汽车智能测试方法的准确性分析。定理 2.1 说明智能测试方法所得到的是测试评价指标的无偏估计，即在统计意义上

该测试方法是准确的。通过对比定理 2.1 中的两个条件，可以看出 ϵ-贪婪策略由于更好地平衡了探索和利用的关系，更容易保证测试方法的准确性；而贪婪策略则需要进行新的假设，即场景库中包含全部的关键场景，这在现实应用中是难以实现的。

注释 2.15 自动驾驶汽车智能测试方法的高效性分析。定理 2.2 论证了上述测试方法在效率提升的可能性和所需的条件。值得指出的是，定理 2.2 中所需的条件是十分严苛的。事实上，如果测试的方差为 0，则自动驾驶汽车只需要任意测试 1 次即可获得精准的评价结果，这也是过于理想的。定理 2.2 的重要意义在于给出了方差的主要来源，提供了提升测试效率的改进方向。方差的主要来源有两个方面：① ϵ-贪婪策略和关键场景阈值的引入使条件（1）和条件（2）不能严格满足，产生了估计方差；② 条件（3）意味着代理模型与自动驾驶汽车相似度越高，本章提出方法的测试效率越高，代理模型和自动驾驶汽车之间的差异性（dissimilarity）是测试方差的主要来源。相对应地，效率提升的主要方向也有两个：① 需要研究 ϵ 和关键测试场景的阈值选取问题，降低引入的方差；② 需要研究如何降低代理模型与自动驾驶汽车差异性，这也为代理模型构建方法和自适应场景库生成方法提供了理论依据。

注释 2.16 自动驾驶汽车智能测试方法的普适性分析。由定理 2.1 和定理 2.2 可知，准确性和高效性的成立与具体场景类型及评价指标无关，因此理论上本章所提方法适用于多场景和多指标。定理 2.1 也与自动驾驶汽车的类型无关，因此上述方法同样对不同类型自动驾驶汽车保持准确性。而由定理 2.2 可知，自动驾驶汽车和代理模型的差异性会引入测试方差。但只要代理模型（如人类驾驶员模型）能够刻画自动驾驶汽车的主要行为特征，那么相较于道路测试，上述方法仍然能够提升测试的效率。

基于上述理论分析，对测试方法中重要参数（ϵ 和关键场景阈值）的选取进行讨论。首先提出 ϵ 选取的理论推论。

推论 2.1 对于采用 ϵ-贪婪策略的测试方法，可以将方差分为两个部分，即

$$\sigma^2 = \sum_{x_i \notin \Phi} \frac{p^2(x_i)}{q_2(x_i)} \left[f_A(x_i) - \mu \frac{q_2(x_i)}{p(x_i)} \right]^2 +$$

第 2 章 自动驾驶汽车智能测试理论研究

$$\sum_{x_i \in \Phi} \frac{p^2(x_i)}{q_2(x_i)} \left[f_A(x_i) - \mu \frac{q_2(x_i)}{p(x_i)} \right]^2 \tag{2-48}$$

其中，如果 ϵ 由以下等式决定：

$$\epsilon = 1 - \frac{W}{\mu_S} \tag{2-49}$$

并且满足定理 2.2 中的条件（3），则式 (2-48) 中方差的后半部分将减小至 0。此处采用了定理 2.2 证明部分所提出的简化符号。

证明 与定理 2.2 比较，ϵ-贪婪策略代替了条件（1）和条件（2），因此可以改写式（2-43）为

$$\begin{aligned}
\sigma^2 &= \sum_{x_i \in \mathbb{X}} \frac{p^2(x_i)}{q_2(x_i)} \left[f_A(x_i) - \mu \frac{q_2(x_i)}{p(x_i)} \right]^2 \\
&= \sum_{x_i \notin \Phi} \frac{p^2(x_i)}{q_2(x_i)} \left[f_A(x_i) - \mu \frac{q_2(x_i)}{p(x_i)} \right]^2 + \sum_{x_i \in \Phi} \frac{p^2(x_i)}{q_2(x_i)} \left[f_A(x_i) - \mu \frac{q_2(x_i)}{p(x_i)} \right]^2
\end{aligned} \tag{2-50}$$

将方差中的后半部分表示为 σ_Φ^2：

$$\sigma_\Phi^2 = \sum_{x_i \in \Phi} \frac{p^2(x_i)}{q_2(x_i)} \times \left[f_A(x_i) - \mu \frac{(1-\epsilon)}{W} f_S(x_i) \right]^2 \tag{2-51}$$

类似于式（2-46），将式（2-49）代入，可以得到

$$\begin{aligned}
\mu \frac{(1-\epsilon)}{W} &= \frac{P(A|\theta)}{P(S|\theta)} \\
&= \frac{\sum_{x_i \in \mathbb{X}} P(A|x_i, \theta) P(x_i|\theta)}{\sum_{x_i \in \mathbb{X}} P(S|x_i, \theta) P(x_i|\theta)} \\
&= k
\end{aligned} \tag{2-52}$$

将其代入式（2-51）可得

$$\sigma_\Phi^2 = 0 \tag{2-53}$$

综上，推论 2.1 得到证明。 □

注释 2.17　推论 2.1 提供了一种 ϵ 选取的依据。$\sigma_\Phi^2 = 0$ 的物理意义为，不因为 ϵ-贪婪策略的引入导致在场景库的场景中产生额外的测试方差。注意理论上 W 是可能与 μ_S 相等的，即场景库包含所有关键度大于零的测试场景，此时考虑代理模型与自动驾驶汽车之间可能存在的差异性，ϵ 仍需要选择一个较小但不为 0 的值，如 0.1。在实际情况下，由于场景库阈值的存在和场景的复杂性等因素，W 在大多数情况下小于 μ_S。

在推论 2.1 的基础上，进一步提出关于场景库关键度阈值的推论。

推论 2.2　在满足推论 2.1 的条件下，如果场景库关键度阈值满足以下条件：

$$V(x_i|\theta) \geqslant \frac{m\mu_S}{N(\mathbb{X}) - N(\Phi)}, \forall x_i \in \Phi \tag{2-54}$$

其中，$m \geqslant 1$ 为一个常数，则估计误差 σ^2 存在以下上限：

$$\sigma^2 < \mu^2 \frac{(m-\epsilon)^2}{\epsilon} \tag{2-55}$$

证明　由式（2-54）和定理 2.2 中的条件（2）可知，对于场景库之外的场景，$x_i \notin \Phi$ 存在以下关系：

$$\begin{aligned} P(x_i|A, \theta) &= \frac{f_A(x_i)p(x_i)}{\mu} \\ &= \frac{kf_S(x_i)p(x_i)}{k\mu_S} \\ &= \frac{V(x_i|\theta)}{\mu_S} \\ &< \frac{m}{N(\mathbb{X}) - N(\Phi)} \end{aligned} \tag{2-56}$$

通过推论 2.1 和式（2-18）可得

$$\begin{aligned} \sigma^2 &= \sum_{x_i \notin \Phi} \frac{p^2(x_i)}{q_2(x_i)} \left[f_A(x_i) - \mu \frac{q_2(x_i)}{p(x_i)} \right]^2 \\ &= \mu^2 \sum_{x_i \notin \Phi} \frac{1}{q_2(x_i)} \left[\frac{f_A(x_i)p(x_i)}{\mu} - q_2(x_i) \right]^2 \end{aligned}$$

第 2 章 自动驾驶汽车智能测试理论研究

$$= \mu^2 \frac{N(\mathbb{X}) - N(\Phi)}{\epsilon} \times \sum_{x_i \notin \Phi} \left[P(x_i|A,\theta) - \frac{\epsilon}{N(\mathbb{X}) - N(\Phi)} \right]^2$$

$$< \mu^2 \frac{(m-\epsilon)^2}{\epsilon} \tag{2-57}$$

其中，最后一个不等式的推导考虑了以下事实：$m \geqslant 1 \geqslant \epsilon$，二次函数的特性，以及场景库之外的场景数量为 $N(\mathbb{X}) - N(\Phi)$。综上，推论 2.2 得到证明。 □

注释 2.18 推论 2.2 提供了一种确定测试场景库阈值的方法。阈值的选取需要平衡，过大的阈值会导致关键场景的遗漏，而过小的阈值也可能会显著增加搜索算法的运行时间。事实上，阈值的精确数值对结果的影响是十分有限的，但其数量级的选取十分重要，特别是在不同场景、不同指标情况下，阈值的合适数量级是不同的，推论 2.2 的重要意义在于为确定阈值的数量级提供了依据。在实际应用中，考虑到 $N(\mathbb{X})$ 显著大于 $N(\Phi)$，因此可以将式（2-54）简化为 $m\mu_S/N(\mathbb{X})$。

第 3 章 低复杂度测试场景库生成方法研究与应用

本章围绕自动驾驶汽车智能测试中的瓶颈——场景库生成问题，针对关键测试场景的快速搜索问题，引入最优化理论，提出低复杂度条件下的测试场景库生成方法，提高低复杂度条件下关键测试场景的搜索效率。低复杂度场景能够有效规避由场景复杂度导致的困难，有助于深入理解场景库生成问题的本质，为解决多种复杂度条件下的场景库生成问题提供基础。此外，本章选择自然驾驶环境中高频出现的切车场景和高速下道场景作为典型案例，以验证智能测试理论与方法的普适性、准确性和高效性。

本章的研究难点，集中于解决关键测试场景的快速搜索问题，以及案例研究中的技术困难，包括辅助目标函数设计、自然驾驶数据分析和代理模型构建。关键场景的稀疏特性增加了搜索难度，使得直接基于最优化理论的搜索方法效率较低，为了解决这个问题需要设计辅助目标函数，利用先验知识提供搜索方向。案例研究中存在的技术困难会阻碍智能测试理论与方法的规模化应用，本章将对此提出解决方法。

3.1 低复杂度测试场景库生成需求分析

3.1.1 测试场景特征分析

测试场景的复杂度主要是指测试场景决策变量的复杂程度。根据第 2 章提出的测试场景建模方法，设计运行域（定义 2.8）和决策变量定义了测试场景所包含的元素参数。低复杂度测试场景是指具有静态性、单一

第 3 章 低复杂度测试场景库生成方法研究与应用

性和离散性的场景。静态性是指场景决策变量中忽略动态元素随时间状态的演变，例如假设背景车辆的速度不变；单一性是指场景中动态元素状态演变是单一的，例如仅存在单一的车辆跟驰行为或换道行为，不存在复杂的车辆行为；离散性是指场景中时间和空间是完全离散的。低复杂度场景的上述场景使场景决策变量得到显著简化，决策变量的维度得到显著降低。

低复杂度场景在现实场景中是普遍存在的。由于自动驾驶汽车研发的一般规律，设计运行域的定义会经历从严苛到宽泛的发展过程，相对应的测试场景则会从低复杂度发展至高复杂度。以图 3.1 所示的切车场景为例，其中蓝色车辆代表背景车辆，橙色车辆代表被测试的自动驾驶汽车，背景车辆在自动驾驶汽车的右前方换道至自动驾驶汽车所在的车道，即"切车"。在此场景下，如果设计运行域详细定义了切车发生时的环境，同时定义切车场景的边界，例如假设背景车辆在切车后保持速度不变，则切车场景的决策变量可以简化为切车时刻两车辆的相对距离和相对速度，即

$$x = (R, \dot{R}) \tag{3-1}$$

其中，R 表示切车时刻车辆的相对距离，$\dot{R}$ 表示切车时刻车辆的相对速度。上述建模方式最大程度简化了切车场景的复杂度，称该定义下的切车场景为"低复杂度场景"。在已有研究中，同样的场景建模和简化方法得到了广泛的应用[43,58]。

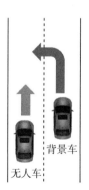

图 3.1　切车场景示意图（前附彩图）

低复杂度场景通常刻画了现实场景的主要特征。以图 3.1 所示的切车场景为例，真实场景中的切车场景可能是复杂的，比如切车过程中背

景车辆的速度、车身姿态等均可能发生变化，使决策变量 x 的维度大幅提升。然而，在复杂的切车场景中，切车时刻的相对距离和相对速度是切车场景中的主要特征。通过对自动驾驶汽车在低复杂度切车场景下性能的评估，能够初步表征自动驾驶汽车在真实切车场景下的表现，而更准确的研究则需要建立在更高复杂度的场景建模之上。本书的后续章节将提出针对更高复杂度的测试场景库生成理论与方法。

3.1.2 场景库生成需求分析

测试场景库生成是智能测试中的瓶颈。如 2.2.3 节所讨论，场景库生成的核心是解答两个问题：① 如何定义并估计测试场景的关键度；② 如何搜索关键测试场景。测试关键度的定义已经由式（2-16）给出，并由定理 2.1 和定理 2.2 证明准确性、高效性和普适性，为测试场景库生成方法奠定了理论基础。对于低复杂度场景库生成，问题在于如何高效率地搜索关键测试场景。场景的类型和复杂度均会影响搜索方法的性能。理论上，搜索方法应在所适用的场景中高效地搜索到关键场景。同时，搜索方法应占用有限的空间和时间资源，实现现实层面的可行性。因此，针对不同的场景类型和场景复杂度，场景的具体建模会不同，关键场景搜索方法的困难也可能不同。按照由简至繁的研究思路，本章注重解决低复杂度关键场景的搜索问题。为此，首先介绍最优化理论。

3.2 最优化理论

最优化理论是研究函数最优值的数学分支，是一个起源于 17 世纪的古老课题[77-87]。最优化问题普遍存在于工程设计、资源分配、生产计划、原料配比和军事指挥等人类活动的领域中，是一门应用广泛、实用性很强的学科。最优化理论发展出丰富的内容，本节着重介绍和本书相关的凸优化理论、梯度下降算法和有限差分方法。

3.2.1 凸优化理论

凸优化（convex optimization）问题是一类特殊的最优化问题[88-89]。由于独特的性质，凸优化理论成为解决实际应用问题和研究非凸优化问题的理论基础。本节简要介绍凸优化问题和凸优化理论中与本书相关的部分。凸优化问题是指拥有以下形式的最优化问题：

$$\begin{cases} \min f(x) \\ \text{s.t.} x \in \mathbb{X} \end{cases} \quad (3\text{-}2)$$

其中，$f(x)$ 是凸函数，$\mathbb{X}$ 是凸集。集合 $\mathbb{X}$ 是凸集，如果集合 $\mathbb{X}$ 内任意两个点的连线仍然属于集合 $\mathbb{X}$，即对于任意 $x_1, x_2 \in \mathbb{X}$ 和任意 $0 \leqslant \alpha \leqslant 1$，有

$$\alpha x_1 + (1-\alpha) x_2 \in \mathbb{X} \quad (3\text{-}3)$$

函数 $f: R^n \to R$ 是凸函数，如果函数可行域 D_f 是凸集，且任意 $x, y \in D_f$ 和 $0 \leqslant \alpha \leqslant 1$ 有

$$f[\alpha x + (1-\alpha)y] \leqslant \alpha f(x) + (1-\alpha)f(y) \quad (3\text{-}4)$$

如果目标函数 $f(x)$ 可微，则 x 是凸优化问题的最优解当且仅当 $x \in \mathbb{X}$，且有

$$\nabla f(x)^{\mathrm{T}}(y-x) \geqslant 0, \forall y \in \mathbb{X} \quad (3\text{-}5)$$

对于无约束问题，上述充要条件等价为

$$\nabla f(x) = 0 \quad (3\text{-}6)$$

3.2.2 梯度下降方法

下降算法（descent methods）是搜索凸优化问题中最优解的常用算法[88-89]，核心思想是在搜索的第 k 步时决定下一步的搜索位置为

$$x^{(k+1)} = x^{(k)} + t^{(k)} \Delta x^{(k)}, k = 1, 2, \cdots \quad (3\text{-}7)$$

这里 $\Delta x^{(k)}$ 用来表示下一步的搜索方向，$t^{(k)} > 0$ 表示下一步的搜索步长。下降算法要求在搜索过程中目标函数值是下降的，即

$$f(x^{(k+1)}) < f(x^{(k)}) \quad (3\text{-}8)$$

直到搜索到最优解。对于凸优化问题，考虑到最优解的充要条件（式（3-5）），搜索方向需要满足以下条件：

$$\nabla f(x^{(k)})^{\mathrm{T}} \Delta x^{(k)} < 0 \tag{3-9}$$

即搜索方向和目标函数的负梯度方向成锐角，这样的搜索方向为下降方向（descent direction）。

下降方向有多种选取方法，梯度下降方法是常用的方法之一，即有

$$\Delta x = -\nabla f(x) \tag{3-10}$$

对于有约束的凸优化问题，结合内点法等约束处理方法，梯度下降方法仍然能够有效搜索最优解。内点法的主要思想是将不等式约束等价转变为目标函数中的一部分。对于如下有约束凸优化问题：

$$\begin{cases} \min f_0(x) \\ \text{s.t.} f_i(x) \leqslant 0 \end{cases} \tag{3-11}$$

通过设置障碍函数

$$I(u) = \begin{cases} 0, & u \leqslant 0 \\ \infty, & u > 0 \end{cases} \tag{3-12}$$

将其转化为无约束凸优化问题：

$$\min f_0(x) + \sum_{i=1}^{m} I[f_i(x)] \tag{3-13}$$

3.2.3 有限差分方法

考虑到计算机运算的离散特性，有限差分方法（finite difference method，FDM）是近似求解微分方程的经典方法[90-92]。有限差分方法的主要思想是把可行解分解为差分网格，采用有限的网格节点数值近似微分。存在三种差分形式：前向差分、后向差分和中心差分。差分的表达式分别为

$$\frac{f(x+h)-f(x)}{h}, \frac{f(x)-f(x-h)}{h}, \frac{f(x+h)-f(x-h)}{2h} \tag{3-14}$$

有限差分方法的依据是泰勒公式，如果 $f(x)$ 在 x_0 的某个邻域内具有直到 $n+1$ 阶的导数，则邻域内有

$$f(x) = f(x_0) + f'(x_0)(x-x_0) + \cdots + \frac{f^{(n)}(x_0)}{n!}(x-x_0)^n + R_n(x) \tag{3-15}$$

其中，$R_n(x)$ 是余项，且有 $R_n(x) = o[(x-x_0)^n]$。根据泰勒公式，如果用差分公式代替微分，则近似过程产生的误差可以通过余项进行估计。差分步长 h 的选取也会影响近似的效果，若干文献对其进行了研究[93-95]，本书不再赘述。

3.3 低复杂度测试场景库生成方法

最优化理论提供了利用局部信息确定搜索方向直至最优解或局部最优解的方法，局部信息的有效利用有助于提高搜索效率，为关键场景的搜索问题提供了解决思路。在最优化理论的基础上，本节提出低复杂度测试场景库生成方法，解答场景库生成的问题：如何搜索关键测试场景。图 3.2 为低复杂度测试场景库生成方法和智能测试框架图。具体而言，本节提出基于多起点优化算法（multi-start optimization method）和种子填充算法 (seed-fill method) 的低复杂度关键场景搜索方法。为了更好地提供搜索方向信息，本节设计了辅助目标函数（auxiliary objective function）用于多起点优化算法。为了验证搜索方法的有效性，本节选取两个典型的非凸函数，即 Peaks 函数和 Ackley 函数作为目标函数。在两组实验中，本节所提出的搜索算法均有效获取了关键场景集合。

基于优化算法和种子填充算法（seed-fill method），本节提出低复杂度关键场景的搜索方法。方法主要包含两步：首先，通过优化算法，找到关键度最高的若干局部最优点；其次，通过种子填充算法，以局部最优点为起点外向拓展，搜索区域内所有的关键场景。考虑到关键度函数梯度信息的稀疏性，为了更好地提供搜索方向，在优化算法中需要设计关键度函数的辅助目标函数。

（1）考虑到式（2-16）所定义的关键度函数中梯度信息是稀疏的，设计辅助目标函数以利用先验知识提供更多的梯度信息。对于大多数场景

x，其关键度 $V(x|\theta)$ 的取值为 0，且邻域内场景的关键度为 0。因此，如果直接以关键度函数 $V(x|\theta)$ 为目标函数，则大多数场景的梯度向量均为 0 向量，无法有效提供关键场景搜索方向。为了解决这个问题，需要设计关键度函数的辅助目标函数。考虑到关键度函数的物理意义，辅助目标函数也设计为机动挑战和曝光频率两种因素的组合。

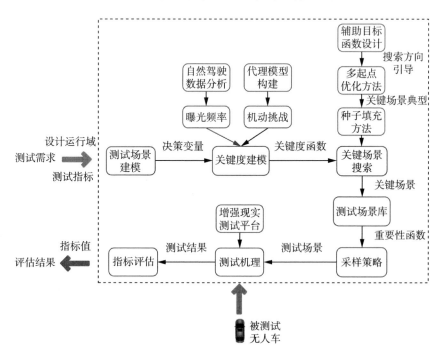

图 3.2　低复杂度测试场景库生成方法和智能测试框架图

（2）采用多起点的优化算法求解辅助目标函数的局部最优解，获得一系列关键场景。首先，通过随机采样方法在场景空间中获得一系列初始采样点作为优化算法的起点；然后，对于每一个起点，以辅助目标函数为优化目标，以设计运行域 θ 所决定的参数可行集为约束，采用优化算法进行求解，获得一系列局部最优点；最后，合并相同的局部最优点，计算局部最优点的关键度，获得一系列关键场景。

（3）采用种子填充算法，以获得的关键场景为起点外向拓展，搜索关键场景邻域内所有关键场景，构成测试场景库。种子填充算法是计算机图形学[96]的一个基础性算法，常用来决定一个连通的多维区域。种子填充算法的核心思想是只在关键节点周围做暴力搜索,而不是在全空间做暴力搜索,有效提高了搜索的效率。考虑到最终的目标函数仍然是关键度函数,在运行种子填充算法时,以关键度函数作为目标函数进行搜索,直至达到关键场景的阈值。

为了更好地验证所提出搜索方法的有效性,更好地可视化该方法,采用两个典型的非凸目标函数作为搜索案例,即 Peaks 函数和 Ackley 函数[97]。Peaks 函数是 MATLAB 提供的典型的非凸函数,本质上是一个二元高斯分布的概率密度函数,函数表达式为

$$f(x,y) = 3(1-x)^2 e^{-x^2-(y+1)^2} - 10(\frac{1}{5}x - x^3 - y^5)e^{-x^2-y^2} - \frac{1}{3}e^{-(x+1)^2-y^2} \tag{3-16}$$

图 3.3 左侧为 Peaks 函数的示意图,由图可知 Peaks 函数有 3 个极大值点和 2 个极小值点,是典型的非凸函数。Ackley 函数是一个更复杂的非凸函数,常用来测试各类优化算法的性能。对于二维问题,Ackley 函数的表达式为

$$f(x,y) = -20e^{-0.2\sqrt{0.5(x^2+y^2)}} - e^{0.5(\cos 2\pi x + \cos 2\pi y)} + e + 20 \tag{3-17}$$

图 3.3 右侧为 Ackley 函数的示意图,可以清晰地看出 Ackley 函数存在一系列极大值点和极小值点,是检验搜索算法的有效案例。

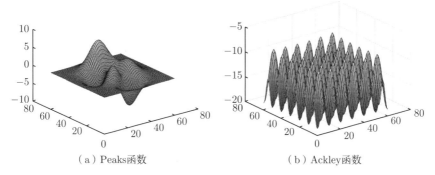

图 3.3　Peaks 函数和 Ackley 函数示意图

为了侧重研究搜索算法的有效性,案例研究中的目标函数和辅助目标函数均选用 Peaks 函数和 Ackley 函数,并人为设定关键场景的阈值。案例研究中,Peaks 函数选取 50 个初始采样点,Ackley 函数采用 100 个

初始采样点。图 3.4 为关键场景搜索结果示意图,其中红色点代表搜索得到的关键场景。注意到,红色点之间的缝隙是离散化导致的视觉效果,并非场景遗漏所致。在图 3.4 中,关键场景搜索算法均有效地获取了 Peaks 函数和 Ackley 函数的关键区域。如果 Peaks 函数和 Ackley 函数即场景的关键度函数,则红色区域的点代表着关键场景,所有关键场景的集合即构成了测试场景数据库。

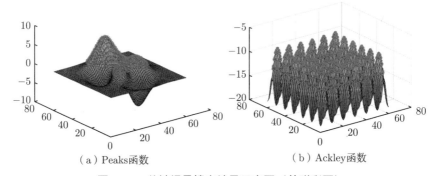

(a) Peaks函数　　　　　　　(b) Ackley函数

图 3.4　关键场景搜索结果示意图(前附彩图)

3.4　低复杂度测试场景库生成典型应用

本节选择自动驾驶汽车在自然驾驶环境中高频出现的切车场景和高速下道场景,分别设计安全性和功能性典型测试案例,分析智能测试与道路测试的等效关系,验证本书所提出理论与方法的普适性、准确性和高效性。本节解决了案例应用的技术困难,如辅助目标函数设计、自然驾驶数据(naturalistic driving data)处理和代理模型构建,为自动驾驶汽车智能测试的规模化应用提供指导。

3.4.1　典型场景分析与建模

本节分析并对两个典型场景建模:切车场景和高速下道场景。图 3.5 是两个典型场景的示意图。在切车场景中,背景车辆(background vehicle, BV)在自动驾驶汽车(autonomous vehicle, AV)前方换道至自动驾驶汽车所在车道;在高速下道场景中,自动驾驶汽车需要在匝道口位置之前主动换道至最右车道并驶离高速。在切车场景中,自动驾驶汽车的安全性作为测试指标；在高速下道场景中，自动驾驶汽车的功能性（自动驾驶汽车在规定距离内换道至指定车道的能力）作为测试指标。

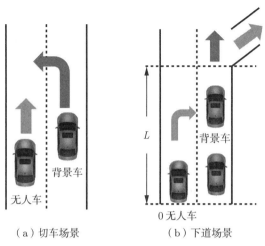

图 3.5　典型场景案例示意图

由于本章研究低复杂度场景库生成问题，因此将两个典型场景的决策变量简化为低复杂度变量。如 3.1.1 节所示，切车场景的决策变量可以被简化为 2 维变量：

$$x = (R, \dot{R}) \tag{3-18}$$

其中，R 表示切车时刻的相对距离，$\dot{R}$ 表示切车时刻的相对速度。类似地，为了简化下道场景的维度，在设计运行域 θ 中引入了以下假设：① 场景中仅存在两辆背景车辆，且均行驶在最右车道；② 背景车辆以初始时刻的速度保持匀速运动，当后车与前车达到安全距离时，后车转变为与前车同速运动；③ 预定义自动驾驶汽车的初始状态、道路的最大和最小限速，以及车辆的最大和最小加速度。在这些假设下，高速下道场景的决策变量可以简化为 4 维变量：

$$x = (p_{0,1}, v_{0,1}, p_{0,2}, v_{0,2}) \tag{3-19}$$

其中，$p_{0,i}$ 和 $v_{0,i}$ 表示第 i 辆背景车辆的位置和速度。虽然这些假设使所建模的场景不能精确地反映真实世界的高速下道场景，但简化后的场景可以作为功能性研究的典型低复杂度案例，验证本章所提出的方法。更准确地对高速场景的研究需要借助本书后续章节中的理论与方法。

两个场景的选取与研究具有较好的代表性。切车场景是现实道路中最常见的场景之一，也是发生交通事故最常见的场景之一，对该场景的安全性研究具有示范意义。此外，低复杂度的切车场景便于整体的可视化，有助于更直观地理解智能测试理论与方法。同样，高速道路行驶自动驾驶汽车也是最常见的自动驾驶汽车行驶场景之一，而在固定距离内主动换道以驶离高速是其中基础性的驾驶任务，对该场景的功能性研究同样具有很强的示范意义。

3.4.2 切车场景安全性测试

本节介绍切车场景安全性测试典型应用。根据第 2 章介绍的智能测试理论，典型应用主要分为两个部分：测试场景库生成和基于测试场景库的自动驾驶汽车智能测试。在第一部分中，采用本章提出的低复杂度测试场景库生成方法，并针对切车场景具体解答上述方法中和具体问题相关的内容，包括辅助目标函数设计、自然驾驶数据分析和代理模型构建。在第二部分中，基于生成的场景库对自动驾驶汽车进行测试，选取典型的自动驾驶汽车模型作为实验对象，计算切车场景中的事故率以衡量自动驾驶汽车的安全性。作为对比，实现道路测试方法以比较结果的准确性和高效性。

1）辅助目标函数设计

在 3.3 节提出的低复杂度测试场景生成算法中，为了有效地提供搜索关键场景的方向，需要设计一个辅助目标函数代替关键度函数。辅助目标函数的设计一方面需要尽可能地刻画关键度函数的趋势，另一方面则需要更多地提供梯度信息，以提供优化时的搜索方向。因此，辅助目标函数也设计为机动挑战性和曝光频率的组合。

首先，切车场景的机动挑战性（在安全性测试中为危险性）采用 mn-pETTC（minimal normalized positive enhanced time-to-collision）衡量。TTC 是常用来衡量场景危险性的指标，而 ETTC[98-99] 是对 TTC 指标的优化，能够更好地衡量变速场景下的危险性。ETTC 的定义如下：

第 3 章 低复杂度测试场景库生成方法研究与应用

$$\text{ETTC}(t) = \frac{-\dot{R}(t) - \sqrt{\dot{R}^2(t) - 2u_r(t)R(t)}}{u_r(t)} \quad (3\text{-}20)$$

其中，$R(t)$ 和 $\dot{R}(t)$ 表示 t 时刻两个车辆的相对距离和相对速度，$u_r(t)$ 表示 t 时刻两车的相对加速度。为了机动挑战指标与曝光频率指标可以互相比较，通过自然驾驶数据分析得到一个正则化常数 U_I，以将得到的 ETTC 数值正则化。为了使 ETTC 与场景危险性具有正相关性，将正则化后小于 0 的数值设置为 1。场景的危险性可以用最危险的时刻来衡量，于是选取了切车场景和后续跟驰场景中最小的 ETTC 数值。综上，设计的机动挑战性衡量指标可以表示为

$$mnp\text{ETTC}(t) = \min_{t} np\text{ETTC}(t) \quad (3\text{-}21)$$

其中，

$$np\text{ETTC}(t) = \begin{cases} \text{ETTC}(t)/U_I, & \text{ETTC}(t) \geqslant 0 \\ 1, & \text{ETTC}(t) < 0 \end{cases} \quad (3\text{-}22)$$

其次，一个场景的曝光频率通过该场景在场景空间中与高频场景集合的距离来衡量。高频场景是指在自然驾驶环境中高频率出现的场景，可以通过自然驾驶数据分析确定。一个场景和高频场景集合的距离可以定义为

$$d(x, \Omega) = \min_{y \in \Omega} d(x, y) \quad (3\text{-}23)$$
$$= \min_{y \in \Omega} \sqrt{\frac{1}{m} \sum_{i=1}^{m} \frac{(x_i - y_i)^2}{U_{F,i}^2}}$$

其中，Ω 表示通过自然驾驶数据分析所得到的高频场景集合；m 表示决策变量的维度，这里 $m = 2$；$U_{F,i}$ 是决策变量每一个维度上的正则化常数，同样可以通过自然驾驶数据分析获得。

最后，将辅助目标函数设计为两个因素的加权和，即

$$\min_{x} J(x) = \min_{x} [mnp\text{ETTC}(x) + w \times d(x, \Omega)] \quad (3\text{-}24)$$

其中，w 表示加权系数，用来调节两个因素之间的贡献值。值得注意的是，设计辅助目标函数的目标是为关键场景的搜索提供方向，因此，辅助目标函数设计过程中一定的近似和粗糙是可接受的。事实上，如果辅助目标函数和测试关键度函数完全一致，则同样无法有效提供搜索方向。正是领域知识（如 ETTC 和高频场景集合）的引入，才提供了关键场景的搜索方向。

2）自然驾驶数据分析

自然驾驶数据（naturalistic driving data，NDD）用来刻画自然驾驶环境，在场景库生成的过程中提供曝光频率信息，决定辅助目标函数中的系列参数，并校准代理模型。

本研究使用美国密西根大学 Safety Pilot Model Deployment[41] 项目中的自然驾驶数据。SPMD 自然驾驶数据集是世界上最大的自然驾驶数据集之一，记录了安娜堡 2842 辆装载车辆网设备车辆超过 3490 万英里的驾驶数据。其中，有 98 辆轿车装备了 MobilEye 的设备，能够测量和记录周围背景车辆的位置和速度信息，频率是 10 Hz。为了有效选取切车场景，采用以下数据筛选标准[43,100]：① 车辆在切车时刻的速度范围为（2 m/s，40 m/s）；② 车辆在切车时刻的车间距范围为 (0.1 m，90 m)。依据这个筛选条件，得到了 41.477 万个符合条件的切车场景数据。图 3.6 显示了不同切车场景在自然驾驶数据中的曝光频率（$P(x|\theta)$），颜色越亮则代表场景的曝光频率越高。相对距离和相对速度的离散精度分别为 2 m 和 0.4 m/s。

基于上述数据可以分析并确定辅助目标函数中的参数。首先，高频场景集合可以通过确定一个超矩形来确定，高频场景的阈值选取为 $P(x|\theta) > 10^{-3}$。如图 3.6 所示，红色的虚线矩形代表了获得的高频场景集合边界，即 [6,88] 的相对距离和 [−2.4,1.2] 的相对速度。值得指出的是，对于复杂度高于二维的场景，可以将高频场景集合简化为最高频率的场景，以降低分析自然驾驶数据的难度。其次，通过分析场景和高频场景集合的最远距离确定正则化常数。例如，不同场景中最大的相对距离为 18，因此可以选取 18 作为相对距离的正则化常数。详细的参数结果可参见表 3.1。

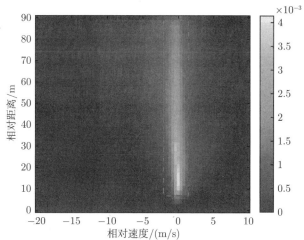

图 3.6 不同切车场景在自然驾驶数据中的曝光频率（前附彩图）

$P(x|\theta)$，红色虚线矩形代表高频场景的边界

表 3.1 切车场景案例研究中的参数取值

参数	取值	参数	取值
m	2	U_I	100
$U_{F,1}$	18	$U_{F,2}$	20
w	1.0	$v_{\max}$	40 m/s
$v_{\min}$	2 m/s	$a_{\min}$	-4 m^2/s
$a_{\max}$	2 m^2/s	β	0.3
α	0.95	d_{acci}	1 m
α_{IDM}	2	β_{IDM}	18
c_{IDM}	4	s_0	2
L_{IDM}	4	T	1
b_{IDM}	3	—	—

3）代理模型构建

根据 3.3 节所示，自动驾驶汽车的代理模型是测试场景库生成算法中的重要部分。本研究采用十分常用的智能驾驶模型（intelligent driving model, IDM）[101]作为代理模型，以刻画自动驾驶汽车在切车场景中的跟驰行为。具体而言，智能驾驶模型根据当前的两车状态决定下一时刻

的加速度，即

$$u(k+1) = \alpha_{\mathrm{IDM}} \left(1 - \left(\frac{v(k)}{\beta_{\mathrm{IDM}}}\right)^{c_{\mathrm{IDM}}} - \left(\frac{s_{\mathrm{IDM}}(v(k),\dot{R}(k))}{R(k) - L_{\mathrm{IDM}}}\right)^2\right) \quad (3\text{-}25)$$

其中，k 表示离散的时间步，u 表示加速度，α_{IDM}、β_{IDM}、c_{IDM}、L_{IDM} 是常数。此外有

$$s_{\mathrm{IDM}}(v(k),\dot{R}(k)) = s_0 + v(k)T + \frac{v(k)\dot{R}(k)}{2\sqrt{\alpha_{\mathrm{IDM}} b_{\mathrm{IDM}}}} \quad (3\text{-}26)$$

其中，s_0、b_{IDM} 和 T 是常数。传统的智能驾驶模型是绝对安全的[102]，为了让模型更真实并能有效模拟交通事故行为，将速度、加速度和约束引入模型：

$$v_{\min} \leqslant v \leqslant v_{\max}, a_{\min} \leqslant u \leqslant a_{\max} \quad (3\text{-}27)$$

智能驾驶模型中的参数取值详见表 3.1。图 3.7 显示了所选取的代理模型在切车场景中的表现，其中黄色区域表示代理模型在其中的场景会发生交通事故。

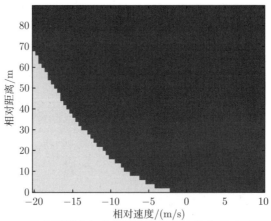

图 3.7　代理模型在切车场景中的安全性能表现（前附彩图）
黄色区域表示代理模型在其中的场景会发生交通事故

4）测试场景库生成

在上述方法的基础上，利用 3.3 节提出的场景库生成方法，即可生成面向安全评价的切车场景测试场景库。利用 3.3 节中的关键场景搜索方

法确定关键场景集合，在多起点优化搜索算法中采用 50 个初始采样点，并按照推论 2.2 确定关键场景的阈值为

$$P(x|S,\theta) > \frac{m}{N(\mathbb{X}) - N(\Phi)} > \frac{m}{N(\mathbb{X})} = 2.9 \times 10^{-4} \tag{3-28}$$

其中，$m = 1$ 且 $N(\mathbb{X}) = 47 \times 76 = 3420$。相对距离和相对速度的离散精度分别为 2 m 和 0.4 m/s，取值范围分别为 $(0, 90]$ 和 $[-20, 10]$。

图 3.8 显示了所生成的测试场景关键度函数。颜色代表了场景正则化后的关键度取值。同图 3.6 相比较，测试关键度函数更好地综合考虑了机动挑战性和曝光频率，是更合理的测试场景采样分布。根据关键场景阈值，所选取的测试场景集合即构成了测试场景库。在本案例中，场景库包含了共计 184 个测试场景，占全部场景集合的 5.38%。

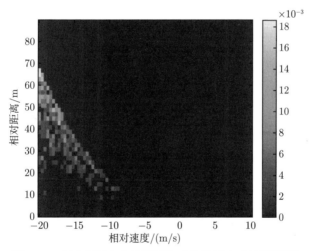

图 3.8 切车场景安全性测试生成的场景库（前附彩图）

注释 3.1 图 3.8 和图 3.6 清晰地反映了智能测试场景库与自然驾驶场景库之间的显著区别。图 3.6 仅反映了场景的曝光频率，而图 3.8 的场景库则有机结合了场景的曝光频率和机动挑战。本案例通过适当的离散将场景库构建成系列关键场景的集合，即图中高亮的场景集合。

5) 自动驾驶汽车智能测试

在测试场景库的基础上，自动驾驶汽车的安全性能可以得到准确和高效的测试。在实际应用中，真实的自动驾驶汽车在如图 2.4 所示的强化

学习测试平台进行测试。本研究在仿真平台中对典型的自动驾驶汽车算法模型进行测试。虽然自动驾驶汽车算法模型不能精确地代表自动驾驶汽车的真实特性，但可以用来验证本章所提方法的有效性，为后续的实车测试奠定基础。

本研究测试装有自适应巡航（adaptive cruise control，ACC）和自动紧急刹车（autonomous emergency braking，AEB）系统的典型的自动驾驶汽车模型。在安全阈值之外，自动驾驶汽车采用自适应巡航系统行驶；当触发安全阈值时，自动驾驶汽车切换至自动紧急刹车系统。由于上述自动驾驶汽车模型已在多项研究中[43-44]详细介绍，本书不再赘述。研究采用道路测试方法作为比较基准。与本书提出的测试方法不同的是，道路测试方法中测试场景是根据自然驾驶数据（NDD）进行采样的，因此也称为"NDD 验证方法"（NDD evaluation）。而对于本书所提出的测试方法，测试场景是从生成的场景库中采样生成的，并采用 ϵ-贪婪采样算法。根据定理 2.1，选取 $\epsilon = 0.05$。在采样到的测试场景中测试自动驾驶汽车模型，并记录交通事故事件。在本研究中，当车辆间距小于预定阈值时，即 $R(t) < d_{\text{acci}}$，则认为交通事故事件发生。

图 3.9 和图 3.10 显示了两种测试方法所得到的结果。蓝色曲线表示道路测试方法得到的结果，底部横轴表示相对应的测试次数；红色曲线表示智能测试所得到的结果，顶部横轴表示相对应的测试次数。如图 3.9 所示，两种方法都能够得到事故率准确的估计值，但本章所提出的基于测试场景库的方法能够显著减少测试所需的次数。图 3.10 显示，对于预定的估计精度（测试结果的相对半宽小于 0.3，相对半宽的定义见式（2-21）），本章所提出的方法仅需要 51 次测试，而道路测试方法需要 9.63×10^4 次测试。相较于道路测试方法，本章所提出的方法加速了约 1888 倍，显著提高了车辆测试的效率。由于自动驾驶汽车的测试次数决定了主要的时间和经济成本，本章提出的智能测试方法能够显著降低自动驾驶汽车测试的时间和经济成本。

3.4.3　下道场景功能性测试

本节研究下道场景功能性测试的典型应用，如图 3.5 所示。与切车场景典型应用相同，讨论场景库生成中的辅助目标函数设计、自然驾驶数据分析和代理模型构建,在生成场景库的基础上测试典型的自动驾驶汽车模型。特别地,为了设计针对功能性测试的辅助目标函数,提出以场景任务为导向的机动挑战建模方法。

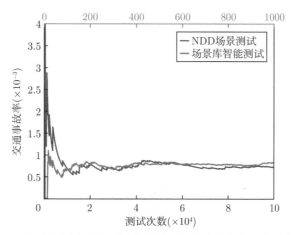

图 3.9 切车场景安全性测试的事故率评估结果曲线(前附彩图)

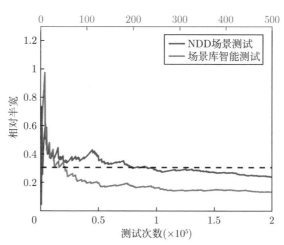

图 3.10 切车场景安全性测试的相对半宽结果曲线(前附彩图)

1)辅助目标函数设计

类似于切车场景,下道场景的辅助目标设计同样包含了机动挑战和曝光频率两部分。曝光频率的衡量方法和切车场景中是一致的,但机动挑战的衡量方法由于测试指标的改变而需要重新设计。为了一般性地解决功能性相关的机动挑战性的衡量问题，本节提出以任务为导向的机动挑战建模方法，包括任务、任务解、任务解难度和任务难度等新概念。任务是由场景定义的待测试功能，如高速下道任务；任务解是指自动驾驶汽车完成任务的一个可行的动作序列，如在某个时空点完成换道驶离高速；任务解难度是指自动驾驶汽车安全实现一个任务解的操作难度；任务难度是指自动驾驶汽车完成任务的难度。

定义以下符号：f 表示场景 x 的一个任务解，$\mathbb{F}$ 表示任务解集，即 $f \in \mathbb{F}$，以 $W(f)$ 表示任务解 f 的难度且有 $W(f)<0$，以 $M_{\mathbb{F}}(x)$ 表示场景 x 的任务难度，则面向任务的机动挑战建模目标即有效地衡量 $M_{\mathbb{F}}(x)$。直观上，一个场景任务完成的难度取决于两个方面：① 搜索任务解的难度，如果任务仅有很少的可行解，则自动驾驶汽车需要极高的智能才能保证对任务解的有效寻找；② 完成任务解的难度，对于同样搜索难度的任务解，如果一个解的完成需要自动驾驶汽车高超的驾驶技巧才能保证安全的实现，则该任务解的完成需要自动驾驶汽车更高的智能，即难度更高。本书将任务难度定义为所有任务解难度的累积：

$$M_{\mathbb{F}}(x) = \sum_{f \in \mathbb{F}} W(f) \tag{3-29}$$

式（3-29）能够有效地从两个方面衡量一个任务完成的难度：

（1）由于 $W(f)<0$，所以 $M_{\mathbb{F}}(x)<0$，当任务解越多时，累加号的存在使 $M_{\mathbb{F}}(x)$ 越小，任务难度越小；

（2）当实现任务解的难度越小时，则 $W(f)$ 越小，使得 $M_{\mathbb{F}}(x)$ 越小，任务难度越小。

基于上述方法可以建模并衡量高速下道场景的机动挑战性。在如图 3.5 所示的下道场景中，自动驾驶汽车的任务是在预定距离之内（L）换道至最右侧车道。任务解则可以表示为一个可行的换道时空点 $f(t,p)$，即自动驾驶汽车在时间 t 到达空间 p 完成换道。可行解集 $\mathbb{F}$ 则由自动驾驶汽车的最大、最小速度（$v_{\max}, v_{\min}$），最大、最小加速度（$a_{\max}, a_{\min}$），匝道口位置（L）和换道最小安全车头时距（$t_{\min}$）共同决定，其中最大、最小速度和最大、最小加速度决定了自动驾驶汽车的可达性（reachability）。图 3.11 为一个具体测试场景（$x = (-25, 34.5, -100, 40)$）下的机动挑战性衡量示意图。初始时刻，自动驾驶汽车的位置为 $p_0 = 0$，速度为 $v_0 = 30$。红色虚线表示自动驾驶汽车的换道边界，由高速规定的最大、最小速度和匝道口位置决定。任务解集合由三个部分绿色的实线所界定，被背景车辆的轨迹（黑色实线）所分割。任务解集合和换道边界之间的距离由自动驾驶汽车的可达性和换道最小安全车头时间决定。

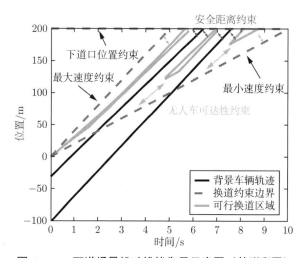

图 3.11　下道场景机动挑战衡量示意图（前附彩图）

为进一步简化问题的复杂度，本研究假设任务解难度相同，则任务难度可以估计为

$$M_f(x) = \sum_{f \in \mathbb{F}} W(f) = -S(\mathbb{F}) \tag{3-30}$$

其中，$S(\mathbb{F})$ 表示任务解集的面积。值得注意的是，上述任务解难度相同的假设并不是必需的，更一般地，可以定义任务难度为在 $\mathbb{F}$ 关于任务解难度的积分，考虑到计算的复杂性，本研究做了上述简化。类似于切车场景，引入正则常数 U_S 以使机动挑战性与曝光频率可比较。在本研究中，定义 U_S 为换道边界内区域的面积。最后，可以设计辅助目标函数为

$$\min_x J(x) = \min_x \left(S(\mathbb{F})/U_S + w \times d(x, \Omega) \right) \tag{3-31}$$

其中，w 是加权系数，用以调节两个因素之间的影响比重，$d(x, \Omega)$ 的定义同切车场景（式（3-23）），高频场景集 Ω 可以选用频率最高的场景点。

2）自然驾驶数据分析

本案例采用美国密西根大学 Integrated Vechiel-Based Safety System (IVBSS) 项目[40,103] 的自然驾驶数据。在 IVBSS 项目中,108 位随机选中的不同性别和年龄的驾驶员驾驶本田 Accords 轿车非监督地行驶 40 天,并记录车辆的驾驶数据和周围车辆的数据。为了有效查询跟驰场景的数据,研究采用以下查询标准:① 车辆在高速公路上行驶;② 车辆行驶速度大于 20 m/s($\approx$45 mph);③ 自适应巡航功能关闭;④ 道路表面干燥;⑤ 驾驶行为发生在白天。根据以上标准提取了 5×10^4 个跟驰场景,包含了总共 1.47×10^6 个轨迹数据点。高速下道场景的曝光频率可以通过提取的数据进行评估:

$$P(x|\theta) = P(p_{0,1}|\theta)P(v_{0,1}, R, v_{0,2}|\theta) \tag{3-32}$$

其中,$R = p_{0,1} - p_{0,2}$,$P(p_{0,1}|\theta)$ 表示背景车辆头车的初始位置,由在 $[-L, L]$ 的均匀分布决定,$P(v_{0,1}, R, v_{0,2}|\theta)$ 则由跟驰场景中的数据轨迹点的分布频率决定。

3）代理模型构建

研究采用 MOBIL(minimizing overall braking induces by lane change)模型[104] 作为自动驾驶汽车换道模型的代理模型。MOBIL 模型提供了一种在任意时空位置衡量换道效用的方法:

$$U_{\text{LG}} = \tilde{u} - u + p_{\text{LG}} (\tilde{u}_{\text{new}} - u_{\text{new}} + \tilde{u}_{\text{old}} - u_{\text{old}}) \tag{3-33}$$

其中,$\tilde{u}$ 表示自动驾驶汽车在换道之后的加速度,p_{LG} 表示礼貌因子(politness factor),u_{old} 和 u_{new} 分别表示换道前后跟随者的加速度。由于此场景中自动驾驶汽车需要尽可能地完成换道,选取较小的礼貌因子,即 $p_{\text{LG}} = 0.1$。为了预测自动驾驶汽车在换道前的行为,采用模型预测方法(model predictive control,MPC)[104]。在初始时刻,自动驾驶汽车会对可行的换道轨迹进行模型预测,并计算每一个轨迹所对应的换道效用,即 U_{LG},并选取换道效用最大的轨迹作为自动驾驶汽车的运行轨迹。

4）测试场景库生成

与切车场景研究相同,本研究同样使用 3.3 节提出的场景库生成方法。在关键场景搜索过程中随机生成 100 个初始点,并根据定理 2.2 确定关键场景的阈值为

第 3 章　低复杂度测试场景库生成方法研究与应用

$$P(x|S,\theta) > \frac{1}{N(\mathbb{X})} = 6.1 \times 10^{-7} \tag{3-34}$$

其中，场景空间的大小为 $N(\mathbb{X}) = n_p^2 \times n_v^2 = 1.64 \times 10^6$。这里，$n_p = 61$ 和 $n_v = 21$ 分别表示背景车辆初始位置和初始速度的可能取值数量。经过关键场景搜索方法，获取了总共 1895 个关键下道场景，占全部场景空间的 0.12%。本案例中的参数取值详见表 3.2。

表 3.2　下道场景案例研究中的参数取值

参数	取值	参数	取值
$v_{\max}$	40 m/s	$v_{\min}$	20 m/s
$a_{\max}$	2 m²/s	$a_{\min}$	−4 m²/s
L	200 m	w	1
p_0	0 m	v_0	30 m/s
$t_{\min}$	0.5 s	Δt	0.1 s
t	[0, 10]	p	[0, 200]
Δp	5 m	$p_{0,i}$	[−100, 200]
$v_{0,i}$	[20, 40]	Δv	1 m/s
d_{cf}	2 m	U_S	500

5）自动驾驶汽车智能测试

本研究采用典型的自动驾驶汽车换道模型，换道模型包含模型预测控制和换道效用评估，换道效用评估模型中采用了平均运行时间、平均车头间距和剩余运行时间等指标，之前的研究中已经详细介绍模型的细节与参数[105]。同样，研究采用道路测试方法作为自动驾驶汽车测试的基准。研究采用 ϵ-贪婪策略，根据推论 2.1 选定参数 $\epsilon = 0.10$。测试过程中记录自动驾驶汽车的任务失败事件，此时定义任务失败事件为自动驾驶汽车无法在规定距离内完成换道行为。测试指标的计算和计算精度采用 2.3.4 节所提的方法。

图 3.12 和图 3.13 显示了两种测试方法所得到的结果，坐标轴和曲线的意义与切车场景相同。如图 3.12 所示，两种方法都能得到任务失败率准确的估计值，但本章所提出的基于场景库的智能测试方法能够显著减少所需的测试次数。图 3.13 显示，对于预定的估计精度（相对半宽小于

0.2），智能测试方法需要 2.6×10^3 次测试，而道路测试方法需要 6.6×10^5 次测试。智能测试方法能够将自动驾驶汽车的测试过程加速约 255 倍，显著提升了测试效率，降低了测试的时间和经济成本。值得指出的是，相较于切车场景，下道场景中智能测试效率的加速效果相对较小。根据定理 2.2 所示，当代理模型与自动驾驶汽车的差异性越小时，测试效率的提升效果越加显著。由于下道场景模型的复杂性，代理模型和自动驾驶汽车之间可能的差异性更大，测试效率提升效果相对较小。本书将在第 6 章深入研究代理模型的差异性问题。

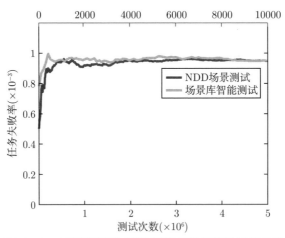

图 3.12　下道场景安全性测试的事故率评估结果曲线

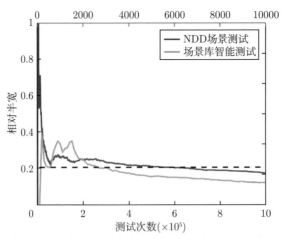

图 3.13　下道场景安全性测试的相对半宽结果曲线

第 4 章 中复杂度测试场景库生成方法研究与应用

本章考虑场景复杂度增加带来的"维度灾难"(curse of dimensionality)问题,引入强化学习理论,提出中复杂度场景库生成方法,包括基于马尔可夫决策过程的场景建模方法和基于强化学习理论的关键场景搜索方法。中复杂度场景能够研究场景中动态元素在时间维度上的状态演变,有效扩展了场景库生成方法的适用范围。为验证中复杂度测试场景库生成方法的有效性,本章选择自然驾驶环境中高频出现的跟驰场景作为典型案例。

本章的研究难点集中于解决复杂度增加带来的"维度灾难"问题。场景库生成的难点主要在于场景测试关键度的计算和关键场景的搜索,两个问题的解决均会受到"维度灾难"的影响。随着场景维度的增加,第 2 章定义的测试关键度的计算将十分困难,第 3 章提出的基于最优化理论的搜索方法也将效率低下。为了解决上述研究难点,本章深入探索了场景决策变量的内在结构,利用场景的马尔可夫性降低了"维度灾难"对场景库生成方法的影响,进而提出中复杂度场景建模方法与场景库生成方法。

4.1 中复杂度测试场景库生成需求分析

4.1.1 测试场景特征分析

中复杂度场景在真实道路中普遍存在。相较于静态、单一和离散的低复杂度场景,中复杂度场景考虑动态元素在时间维度上的状态演变,能更好地刻画测试场景的特征。考虑到场景的时间复杂度，中复杂度场景的决策变量维度通常比低复杂度高 1~2 个数量级（如 10~100 维）。

以如图 4.1 所示的跟驰场景为例，低复杂度场景无法反映背景车辆状态随时间维度的演变。假设跟驰场景时间长度为 30 s，如果背景车辆加速度每 1 s 改变一次，则场景中存在 30 个加速度序列，跟驰场景的决策变量将大于 30 维。事实上，考虑到初始状态，跟驰场景的决策变量建模为

$$x = \left(v_0, R_0, \dot{R}_0, u_1, u_2, \ldots, u_m\right) \tag{4-1}$$

其中，v_0 表示背景车辆的初始速度，R_0 表示两车初始相对距离，$\dot{R}_0$ 表示两车初始相对速度，u 表示背景车辆的加速度，m 表示背景车辆的加速度输入个数，在上述例子中 $m = 30$。于是，可以将跟驰场景决策变量的维度建模为 33 维，跟驰场景成为一个中复杂度场景。类似地，图 3.5 所示的高速下道场景中，如果考虑背景车辆速度随时间变化，下道场景的复杂度也将显著提升。因此，中复杂度测试场景库生成有十分重要的意义。

图 4.1　跟驰场景示意图

4.1.2　场景库生成需求分析

场景维度的增加给场景库生成带来了"维度灾难"[106]。维度灾难通常是指随维度的增加计算复杂度指数增加的现象。随维度的增加，第 3 章提出的关键场景搜索方法在中复杂度场景中将遇到困难。基于优化的搜

索方法虽然能够利用局部信息提升搜索效率,但其搜索复杂度本质上是随维度的增加而指数增加;同样,种子填充方法虽然通过对关键区域的搜索能够有效减少搜索任务,但并不能改变其复杂度指数上升的本质。因此,对于中复杂度测试场景库生成,需要提出新的理论和方法。

在已有文献研究中,"维度灾难"问题是场景库生成方法的重要瓶颈。例如,PEGASUS项目[58]通过穷举的方法遍历全部场景获得关键场景,在低复杂度场景中可以通过有限的时间和经济成本实现,但对于更高维度场景则无能为力。同样,加速验证[43]方法通过启发式搜索迭代寻找关键场景,也难以处理更高维度场景。事实上,在跟驰场景的案例研究中[44],加速验证方法需要假设已知被测试自动驾驶汽车的模型,有较大的现实局限性。

4.2 强化学习理论

强化学习(reinforcement learning, RL)是机器学习中的一个重要领域,一般是指通过与环境的交互、学习,提升基于环境而行动的策略,最终获得最大化预期激励的过程[107-112]。强化学习有广泛的适用范围,涉及博弈论、控制论、运筹学、信息论和群体智能等多领域研究。由于强化学习理论主要应用于马尔可夫决策过程(Markov decision process, MDP),本节首先介绍马尔可夫决策过程;其次,介绍强化学习理论的基础,包括动态规划(dynamic programming)和蒙特卡罗方法(Monte Carlo methods);最后,在上述理论基础上介绍基于时间差分的强化学习理论。值得指出的是,强化学习理论有丰富的内涵和外延,为了保持本书的简洁性,本节仅介绍与本书相关的内容。

4.2.1 马尔可夫决策过程

马尔可夫决策过程是离散时间决策问题的典型建模方法[76],是强化学习问题的建模基础[109]。马尔可夫决策过程包含以下几个要素:状态$s \in \mathcal{S}$,动作$a \in \mathcal{A}$,策略π,奖励函数$\mathcal{R}(s)$和状态转移描述$\mathcal{T}$。其中状态转移描述符合马尔可夫性(Markov property),即采取一个动作所产生的状态转移效果仅与当前的状态有关,与历史状态无关。对于确定性

过程，有 $\mathcal{T}:\mathcal{S}\times\mathcal{A}\to\mathcal{S}$；而对于随机性过程，有 $\mathcal{T}:\mathcal{S}\times\mathcal{A}\to\text{Prob}(\mathcal{S})$，即对任意状态采取任意动作存在一个状态转移概率 $P(s'|s,a)$。奖励函数 $\mathcal{R}(s)$ 表示在某时刻 t 的状态 s 在下一时刻 $t+1$ 时可以获得的奖励期望：

$$\mathcal{R}(s) = E\left[R_{t+1}|S_t = s\right] \tag{4-2}$$

策略 $\pi:\mathcal{S}\to\mathcal{A}$ 是指在任意状态采取任意动作的概率分布。强化学习的目标即学习到最优策略 π^* 以获得最优的奖励期望（expected reward）。

奖励期望的计算是马尔可夫决策的重要部分。在最简单的情况下，t 时刻的奖励期望是 t 时刻后所获得的全部奖励的累积：

$$G_t \stackrel{\text{def}}{=} R_{t+1} + R_{t+2} + \cdots + R_T \tag{4-3}$$

其中，T 表示决策过程中的最后一步。这个方法适用于有限步骤马尔可夫决策过程，即 $T<\infty$。对于无穷步骤 $T=\infty$，引入衰减系数 $\gamma\in[0,1]$，则有

$$\begin{aligned} G_t &\stackrel{\text{def}}{=} R_{t+1} + \gamma R_{t+2} + \cdots \\ &= \sum_{k=0}^{\infty} \gamma^k R_{t+k+1} \end{aligned} \tag{4-4}$$

价值函数（value function）是用来衡量从一个状态开始可以获得的奖励期望。由于一个状态的价值函数和策略 π 有关（记为 $v_\pi(s)$），其又可称为策略 π 的"状态价值函数"，定义为

$$\begin{aligned} v_\pi(s) &\stackrel{\text{def}}{=} E_\pi\left[G_t|S_t=s\right] \\ &= E_\pi\left[\sum_{k=0}^{\infty}\gamma^k R_{t+k+1}|S_t=s\right] \forall s\in\mathcal{S} \end{aligned} \tag{4-5}$$

其中，t 表示任意时刻。同样，可以定义在状态 s 采取动作 a 的价值函数为

$$\begin{aligned} q_\pi(s,a) &\stackrel{\text{def}}{=} E_\pi\left[G_t|S_t=s, A_t=a\right] \\ &= E_\pi\left[\sum_{k=0}^{\infty}\gamma^k R_{t+k+1}|S_t=s, A_t=a\right] \end{aligned} \tag{4-6}$$

由于 q_π 也与策略 π 紧密相关,其也称为策略 π 的"动作价值函数"。

状态价值函数的一个重要特性是满足递归关系,即

$$\begin{aligned} v_\pi(s) &\stackrel{\text{def}}{=} E_\pi[G_t|S_t=s] \\ &= E_\pi[R_{t+1}+\gamma G_{t+1}|S_t=s] \\ &= \sum_a \pi(a|s) \sum_{s'} \sum_r P(s',r|s,a)[r+\gamma v_\pi(s')], \forall s \in \mathcal{S} \end{aligned} \quad (4\text{-}7)$$

其中,r 表示从状态 s 转移到状态 s' 获得的奖励。式(4-7)是价值函数 v_π 的贝尔曼方程(Bellman equation),揭示了一个状态的价值函数与该状态的后继状态的价值函数关系。考虑到动作价值函数与状态价值函数的关系:

$$\begin{aligned} q_\pi(s,a) &\stackrel{\text{def}}{=} E_\pi[G_t|S_t=s,A_t=a] \\ &= E_\pi[R_{t+1}+\gamma G_{t+1}|S_t=s,A_t=a] \\ &= \sum_{s'} \sum_r P(s',r|s,a)[r+\gamma v_\pi(s')], \forall s \in \mathcal{S}, a \in \mathcal{A} \end{aligned} \quad (4\text{-}8)$$

以及

$$v_\pi(s) = \sum_a \pi(a|s) q_\pi(s,a), \forall s \in \mathcal{A} \quad (4\text{-}9)$$

可以得知,动作价值函数也存在对应的递归关系。

强化学习的目标是寻找最优策略 π_*。称一个策略 π 优于另一个策略 π' 当且仅当策略 π 下所有状态的价值函数大于策略 π' 下对应状态的价值函数,即

$$\pi \geqslant \pi' \iff v_\pi(s) \geqslant v_{\pi'}(s), \forall s \in \mathcal{S} \quad (4\text{-}10)$$

定义最优状态价值函数为

$$v_*(s) \stackrel{\text{def}}{=} \max_\pi v_\pi(s) \quad (4\text{-}11)$$

定义最优动作价值函数为

$$q_*(s,a) \overset{\text{def}}{=\!=} \max_{\pi} q_\pi(s,a) \tag{4-12}$$

根据贝尔曼最优性原理（Bellman optimality equation），可以得到最优策略、最优状态价值函数和最优动作价值函数的关系：

$$\begin{aligned} v_*(s) &= \max_{a \in \mathcal{A}} q_{\pi_*}(s,a) \\ &= \max_{a} \sum_{s',r} P(s',r|s,a)\left[r + \gamma v_*(s')\right] \end{aligned} \tag{4-13}$$

以及

$$q_*(s,a) = \sum_{s',r} P(s',r|s,a)\left[r + \gamma \max_{a'} q_*(s',a')\right] \tag{4-14}$$

综上可知，最优策略、最优状态价值函数和最优动作价值函数是一致的，寻找到最优状态价值函数或最优动作价值函数，即可得到另外两者。

4.2.2 动态规划与蒙特卡罗理论

动态规划和蒙特卡罗是强化学习的基础理论，分别提出了求解马尔可夫决策最优策略 π^* 的两种方法，其共同思想是迭代两个过程：策略评估与策略提升。策略评估是指对当前策略 π 求解所有的状态价值函数（式（4-7））；策略提升是指通过优化当前策略 π 产生新的策略 π' 并使所有状态价值函数不变或得到提升。本节着重介绍与本书密切相关的策略评估部分。

假设环境的动态特性均已知，即 $P(s',r|s,a)$ 均已知，动态规划可以通过迭代的方式逐步更新对状态价值函数的估计值，使其最终收敛到 v_π。通过贝尔曼方程式（4-7）可得迭代方程为

$$v_{k+1}(s) = \sum_{a} \pi(a|s) \sum_{s',r} P(s',r|s,a)\left[r + \gamma v_k(s')\right], \forall s \in \mathcal{S} \tag{4-15}$$

考虑到 $v_k = v_\pi$ 是贝尔曼公式的一个不动点（fixed point），可以证明当 $k \to \infty$ 时上述迭代方程可以收敛至 v_π[109]。值得注意的是，在动态规划方法中，对状态价值函数估计值 $v_{k+1}(s)$ 的迭代是基于其后继状态价值函

数的估计值 $v_k(s')$，研究人员将这种思想称为"bootstrapping"。动态规划方法 bootstrapping 基于对环境动态的准确建模，而强化学习理论中则取消了这一前提。

蒙特卡罗方法对策略的评估仅需要经验（experience），通过在经验中所获得奖励的平均值来估计任意策略下的状态价值函数，而不需要假设已知环境的动态特性。随着经验的累积，状态价值函数的估计可以收敛至真实值。具体地，如果想要评估 $v_\pi(s)$，每一次马尔可夫决策过程的完成称为一次"实验"（episode），实验中第一次到达状态 s 称为状态 s 的"第一次访问"（first visit），则每一次实验中第一次访问 s 后所能获得的奖励总和可作为对 $v_\pi(s)$ 的一次估计，在多次经历第一次访问后，将多次估计值的平均值作为对 $v_\pi(s)$ 新的估计。可以证明，当第一次访问次数 $k \to \infty$ 时，估计值收敛至 $v_\pi(s)$。不同于动态规划方法，蒙特卡罗方法对 $v_\pi(s)$ 的估计是独立的，并不依赖于对其后继状态价值函数的估计，即蒙特卡罗方法并不采用 bootstrapping 的方法。

4.2.3 基于时间差分的强化学习理论

时间差分方法（temporal-difference，TD）分别继承了动态规划和蒙特卡罗的优点，是强化学习理论的重要方法之一[109]。时间差分方法继承了动态规划方法中的 bootstrapping 思想，一个状态价值函数的估计可以根据其后继状态价值函数的估计值而更新；同时，继承蒙特卡罗方法中基于经验的思想，不再假设已知环境的动态特性。

蒙特卡罗方法在估计一个状态的价值函数时采用的迭代方程为

$$V(S_t) \leftarrow V(S_t) + \alpha \left[G_t - V(S_t) \right] \tag{4-16}$$

其中，G_t 是由 t 时刻之后真实获得的奖励所得。由于只有一次实验结束之后才能获得 G_t，因此蒙特卡罗方法对 $V(S_t)$ 的更新必须等待一次实验全部完成。时间差分方法的思想是引入 bootstrapping，在 $t+1$ 时刻即根据后继状态的价值函数估计值更新对 $V(S_t)$ 的估计，即

$$V(S_t) \leftarrow V(S_t) + \alpha \left[R_{t+1} + \gamma V(S_{t+1}) - V(S_t) \right] \tag{4-17}$$

这种方法又被称为"一步时间差分方法"。

时间差分方法同时采用了蒙特卡罗和动态规划所使用的近似方法。由状态价值函数的定义式（4-7）可知：

$$v_\pi(s) \stackrel{\text{def}}{=} E_\pi\left[G_t|S_t=s\right] \quad (4\text{-}18)$$

$$= E_\pi\left[R_{t+1}+\gamma G_{t+1}|S_t=s\right] \quad (4\text{-}19)$$

$$= E_\pi\left[R_{t+1}+\gamma v_\pi(S_{t+1})|S_t=s\right] \quad (4\text{-}20)$$

蒙特卡罗方法是对式（4-18）的近似，将其中的期望值近似为多次经验的平均值；动态规划是对式（4-20）的近似，将其中的 $v_\pi(S_{t+1})$ 近似为当前的估计值 $V(S_{t+1})$。时间差分方法则同时采用了这两种近似方法：既采用经验近似了期望值，又采用后继状态价值函数的估计值近似其价值函数。对于固定的策略 π，时间差分学习的收敛性可以得到保证[109]。

时间差分误差（TD error）是时间差分方法的关键。如式（4-17）所示，中括号表示的部分即时间差分误差：

$$\delta_t \stackrel{\text{def}}{=} R_{t+1}+\gamma V(S_{t+1})-V(S_t) \quad (4\text{-}21)$$

时间差分误差衡量了对价值函数 S_t 当前的估计与基于后继状态更好的估计 $R_{t+1}+\gamma V(S_{t+1})$ 之间的差异。时间差分学习本质上就是对这种差异的不断学习。

时间差分学习是强化学习理论的核心方法之一，经典的强化学习方法，如 Sarsa 学习和 Q 学习，均在时间差分学习的基础上发展而来。Sarsa 学习的迭代公式为

$$Q(S_t,A_t) \leftarrow Q(S_t,A_t)+\alpha\left[R_{t+1}+\gamma Q(S_{t+1},A_{t+1})-Q(S_t,A_t)\right] \quad (4\text{-}22)$$

其中，$Q(S_t,A_t)$ 表示对动作价值函数 $q_\pi(S_t,A_t)$ 的估计。由式（4-22）可见，其迭代公式的实质即对时间差分误差的学习。Q 学习的迭代公式为

$$Q(S_t,A_t) \leftarrow Q(S_t,A_t)+\alpha\left[R_{t+1}+\gamma\max_a Q(S_{t+1},a)-Q(S_t,A_t)\right] \quad (4\text{-}23)$$

比较式（4-22）和式（4-23）可知，Sarsa 的迭代公式中后继时刻的动作选取策略与当前时刻的动作选取策略是一致的，即 $\pi: S_t \to A_t$ 和 $\pi: S_{t+1} \to A_{t+1}$；而 Q 学习的迭代公式限制了后继动作的选取策略为 $S_{t+1} \to \max_a Q(S_{t+1}, a)$，可能和 $S_t \to A_t$ 的选取策略是不一致的。由于上述差异，Sarsa 也被称为"On-policy Learning"，而 Q 学习也被称为"Off-policy Learning"。如果改变 Q 学习迭代公式中后继动作的选取策略，将最大化策略改变为期望策略，则 Q 学习成为期望 Sarsa 学习：

$$\begin{aligned} Q(S_t, A_t) &\leftarrow Q(S_t, A_t) + \alpha \left[R_{t+1} + \gamma E\left[Q(S_{t+1}, a) | S_{t+1} \right] - Q(S_t, A_t) \right] \\ &\leftarrow Q(S_t, A_t) + \alpha \Bigg[R_{t+1} + \gamma \sum_a \pi(a|S_{t+1}) Q(S_{t+1}, a) - \\ &\quad Q(S_t, A_t) \Bigg] \end{aligned} \quad (4\text{-}24)$$

在实际应用中，Off-policy Learning 提供了更灵活的训练框架。$S_t \to A_t$ 的策略决定了训练的顺序，而 $S_{t+1} \to A_{t+1}$ 的策略决定了训练迭代的后继顺序，Off-policy Learning 允许两个策略不同，以实现更好和更快的训练效果。

4.3 中复杂度测试场景库生成方法

在强化学习理论的基础上，本节提出中复杂度测试场景库生成方法，如图 4.2 所示。首先，基于 4.2.1 节介绍的马尔可夫决策过程，利用马尔可夫性构建场景决策树，提出基于马尔可夫决策过程的场景建模方法；其次，基于 4.2.3 节介绍的强化学习理论，提出基于强化学习理论的关键度建模与关键场景搜索方法，构建中复杂度场景库生成方法。新的关键度建模方法本质上与第 2 章所提出的关键度定义一致，因而保持了定理 2.1 和定理 2.2 提出的准确性和高效性；而强化学习理论的引入，克服了场景复杂度带来的建模和搜索困难，有效强化了第 3 章所提的场景库生成方法。

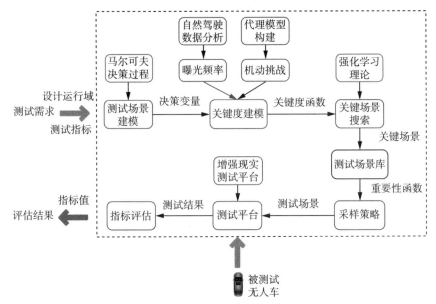

图 4.2　中复杂度测试场景库生成方法与智能测试框架图

4.3.1　基于马尔可夫决策的场景建模

本节研究基于马尔可夫决策的场景建模方法,一方面充分利用测试场景的内在结构(马尔可夫性),降低场景复杂程度带来的影响;另一方面,如 4.2 节所示,马尔可夫决策建模为强化学习理论的引入奠定了基础。

测试场景决策变量的选取是典型的马尔可夫决策过程。如图 4.1 所示,测试场景的参数选取可以分为两个部分:① 对背景车辆初始状态的决策,如背景车辆的数量、初始位置和初始速度;② 对背景车辆时序加速度的决策。考虑到测试场景的时间长度,背景车辆时序加速度的决策是中复杂度场景复杂度的主要来源。以如图 4.1 所示的跟驰场景为例,式(4-1)为场景决策变量,其主要的复杂度来源为背景车辆的时序加速度,即 $u_1, u_2, \ldots, u_m$。考虑到车辆的驾驶特性,在加速度决策中引入马尔可夫性是合理的,即车辆的加速度决策取决于当前车辆和环境的状态,与历史状态无关。事实上,在已有驾驶模型研究中,绝大多数模型的输出都取决于当前时刻的状态。以跟驰模型为例,主要的刺激—反应类模型和安全距离类模型均假设了马尔可夫性。因此,当测试场景的初始状态决策后,背景车辆时序加速度的决策是典型的马尔可夫决策过程。

状态 $\mathcal{S}$ 是马尔可夫建模中的重要元素,是保证马尔可夫性的关键,场景的状态需要包含背景车辆加速度决策所需要的全部信息。理论上,当一个场景的状态包含场景场面的全部元素(定义 2.5),则包含背景车辆加速度决策所需的全部信息。具体应用中,状态的定义可以根据场景特征而定。例如,在如图 4.1 所示的跟驰场景中,背景车辆的决策受背景车的速度、距离,以及自动驾驶汽车的速度和距离的影响,因此可以将状态建模为

$$\mathcal{S} = (v_{\text{BV}}, R, \dot{R}) \tag{4-25}$$

其中,v_{BV} 表示背景车辆的速度,R 表示两车相对距离,$\dot{R}$ 表示两车相对速度。

基于马尔可夫决策的场景建模方法将场景建模成决策树。对于如下建模形式的决策变量:

$$x = (s_1, u_1, u_2, \cdots, u_m) \tag{4-26}$$

其中,s_1 表示场景的初始状态;$u_i, 1 \leqslant i \leqslant m$ 表示场景背景车辆的加速度序列。基于马尔可夫决策可将该场景建模为如图 4.3 所示的决策树,其中节点表示状态,箭头表示动作。场景的决策变量 x 可以转化为"状态—动作—状态⋯⋯"的决策序列,即 $s_1 \xrightarrow{u_1} s_2 \xrightarrow{u_2} \ldots$。

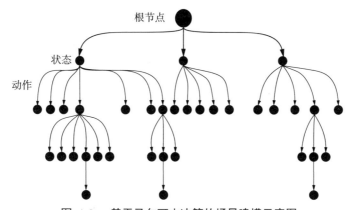

图 4.3 基于马尔可夫决策的场景建模示意图

基于马尔可夫决策的场景建模提供了计算中复杂度场景曝光频率的方法。上述跟驰场景的曝光频率可以计算为

$$P(x) = P(s_1, u_1, u_2, \cdots, u_m) \tag{4-27}$$

$$= P(s_1)P(u_1|s_1)P(u_2|s_2)\cdots P(u_m|s_m) \tag{4-28}$$

$$= P(s_1)\prod_{i=1}^{m} P(u_i|s_i) \tag{4-29}$$

其中，式（4-27）表示该场景的曝光频率，直接的计算方法是统计 $x = (s_1, u_1, u_2, \cdots, u_m)$ 在自然驾驶数据中出现的频率，但由于场景的复杂度较高，直接统计的方法难以实施。式（4-27）~式（4-28）考虑了状态转移的确定性，即当前状态和动作决定了场景后继时刻的状态：$s_i \xrightarrow{u_i} s_{i+1}$。因为背景车辆的加速度均由当前动作决定，而车辆的动力学方程是确定的，因此背景车辆的状态转移是确定的，如果自动驾驶汽车的动作也由状态 s_i 决定，则状态的转移是确定性的。考虑到自动驾驶汽车的动作决策是基于对环境的感知，即对状态的感知，因此当状态定义中包含环境的主要因素时，在大多数场景下自动驾驶汽车的动作是由状态决定的。以如图 4.1 所示的跟驰场景为例，状态式（4-25）决定了自动驾驶汽车跟驰的加速度，状态转移 $s_i \xrightarrow{u_i} s_{i+1}$ 是确定性的。式（4-29）提供了计算场景曝光频率的方法，当通过自然驾驶数据得到 $P(s_1)$ 和 $P(u_i|s_i), \forall u_i, s_i$ 之后，即可计算任意场景的曝光频率。

4.3.2 基于强化学习理论的场景库生成

在基于马尔可夫决策的场景建模基础上，本节研究基于强化学习理论的场景库生成方法。如智能测试理论所提出的，场景库生成的关键是解决两个问题：① 定义并估计场景的测试关键度；② 搜索关键测试场景。智能测试理论中定义了场景的测试关键度，因此中复杂度场景库生成问题的难点在于高效计算关键度并搜索关键测试场景。本节将基于强化学习理论解决上述问题。

首先，根据贝叶斯公式，可以进一步改写测试关键度的定义式（2-16）为

$$V(x) = P(S|x)P(x)$$

$$= P(S)P(x|S) \tag{4-30}$$

第 4 章 中复杂度测试场景库生成方法研究与应用

其中，S 表示代理模型发生兴趣事件（如交通事故或任务失败）。为了公式的简洁性，此处忽略表达式中的设计运行域 θ，所有公式均默认在 θ 的条件下。式（4-30）中的 $P(S)$ 是由代理模型决定的常数，可以通过仿真得到，因此对关键度的估计等价于计算 $P(x|S)$。

其次，根据基于马尔可夫决策的场景建模方法求解关键度等效公式 $P(x|S)$。根据式（4-27）~ 式（4-29）的推导原理，可以推导 $P(x|S)$ 为

$$P(x|S) = P(s_1|S)P(u_1|s_1,S)\cdots P(u_m|s_m,S) \quad (4\text{-}31)$$

进一步，由贝叶斯公式可得

$$P(s_1|S) = \frac{P(S|s_1)P(s_1)}{\sum_{s_1\in\mathcal{X}} P(S|s_1)P(s_1)} \quad (4\text{-}32)$$

$$P(S|s_1) = \sum_{u_1\in\mathbb{U}} P(S|u_1,s_1)P(u_1|s_1) \quad (4\text{-}33)$$

$$P(u_k|s_k,S) = \frac{P(S|u_k,s_k)P(u_k|s_k)}{\sum_{u_k\in\mathbb{U}} P(S|u_k,s_k)P(u_k|s_k)} \quad (4\text{-}34)$$

其中，$k=1,2,\cdots,m$ 表示场景背景车辆控制决策的次数，$\mathbb{U}$ 表示背景车辆控制变量的可行集合，$\mathcal{X}$ 表示状态集合。由式（4-32）、式（4-33）和式（4-34）可知，如果 $P(s_1),\forall s_i\in\mathcal{X}$ 和 $P(S|u_k,s_k)P(u_k|s_k),\forall s_k\in\mathcal{X}$，$\forall u_k\in\mathbb{U}$ 均已知，则可以计算 $P(x|S)$。考虑到 $P(s_1),\forall s_i\in\mathcal{X}$ 可以由自然驾驶数据获得，于是关键度的计算难点是对 $P(S|u_k,s_k)P(u_k|s_k),\forall s_k\in\mathcal{X},\forall u_k\in\mathbb{U}$ 的计算。

然后，本书在上述基础上提出基于强化学习理论的关键度求解方法。如前所述，关键度的求解难点是对 $P(S|u_k,s_k)P(u_k|s_k),\forall s_k\in\mathcal{X},\forall u_k\in\mathbb{U}$ 的计算。为了解决这个问题，定义动作价值函数为

$$Q(s_k,u_k) = P(S|u_k,s_k)P(u_k|s_k) \quad (4\text{-}35)$$

如果全部状态的全部动作价值函数均已知，则根据上述讨论，场景的关键度均已知。为了求解式（4-35），采用基于时间差分的强化学习理论。如式

（4-21）所示，强化学习理论中核心是对时间差分误差的衡量，基于时间差分误差则可以根据迭代公式实现动作状态函数的求解。迭代公式如下：

$$Q(s_t, u_t) \leftarrow Q(s_t, u_t) + \alpha \delta_t \tag{4-36}$$

其中，α 是学习率，表示对误差学习的程度。根据 4.2 节提出的强化学习理论，提出如下定理。

定理 4.1 已知 t 时刻的状态和动作分别是 s_t 和 u_t，而后继时刻的状态是 s_{t+1}，如果时间差分误差由如下方程计算：

$$\delta_t = \left(\sum_{u_{t+1} \in \mathbb{U}} Q(s_{t+1}, u_{t+1}) \right) P(u_t | s_t) - Q(s_t, u_t) \tag{4-37}$$

则动作价值函数收敛至式（4-35）。

证明 由 4.2 节可知，时间差分误差衡量了对价值函数当前的估计与基于后继状态更好的估计之间的差异。因此，如果可以证明式（4-37）右式的第一项是基于后继状态对式（4-35）更好的估计，则定理 4.1 得证。考虑到

$$\begin{aligned} P(S|u_t, s_t) &= P(S|s_{t+1}) \\ &= \sum_{u_{t+1} \in \mathbb{U}} P(S|u_{t+1}, s_{t+1}) P(u_{t+1}|s_{t+1}) \\ &= \sum_{u_{t+1} \in \mathbb{U}} Q(s_{t+1}, u_{t+1}) \end{aligned} \tag{4-38}$$

代入式（4-35）可得

$$Q(s_t, u_t) = \left[\sum_{u_{t+1} \in \mathbb{U}} Q(s_{t+1}, u_{t+1}) \right] P(u_t | s_t) \tag{4-39}$$

即式（4-37）右式的第一项是基于后继状态对式（4-35）更好的估计，定理得证。$\square$

定理 4.1 提出了利用强化学习方法求解式（4-35）的方法，同时也是求解场景关键度的方法。将时间差分误差代入强化学习的迭代公式可得

$$Q(s_t, u_t) \leftarrow Q(s_t, u_t) + \alpha \left\{ \left[\sum_{u_{t+1} \in \mathbb{U}} Q(s_{t+1}, u_{t+1}) \right] P(u_t|s_t) - Q(s_t, u_t) \right\} \tag{4-40}$$

值得指出的是，式（4-35）所定义的状态价值函数和式（2-16）所定义的关键度在物理含义上也保持了一致。式（4-35）左边因子 $P(S|u_k, s_k)$ 的物理含义是"当场景处于 s_k 状态且背景车辆采取动作 s_k 时，场景最终发生事故事件的概率"，其衡量了场景的机动挑战性；式（4-35）右边因子 $P(u_k|s_k)$ 的物理含义是"当场景处于 s_k 状态时，背景车辆采取动作 u_k 的概率"，其衡量了场景的曝光频率。因此，状态价值函数也是机动挑战与曝光频率的结合。

最后，在动作价值函数收敛之后，关键场景由决策树中的关键动作序列表示。定义 $Q(s_k, u_k) > 0$ 为关键动作，则由决策树中的关键动作序列所表示的场景即有 $V(x) > 0$，包含了全部关键场景（阈值为 0）。图 4.4 为基于马尔可夫决策的关键场景示意图，图示决策树为基于马尔可夫决策的建模结果，红色箭头代表关键动作，则每一个关键动作序列（从根节点至叶节点）代表了一个关键场景。本质上，动作价值函数的迭代收敛过程既是场景关键度的求解过程，也是关键场景的搜索过程，在全部动作价值函数收敛后，关键场景即由图示红色动作序列构成，而将黑色部分"剪枝"后即得到测试场景库。

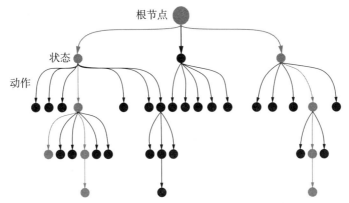

图 4.4　基于马尔可夫决策的关键场景示意图（前附彩图）

将黑色部分"剪枝"后即得到测试场景库

注释 4.1 中复杂度场景库生成方法从本质上将场景库生成问题转化为决策树的剪枝问题。基于马尔可夫决策过程的场景建模方法,将场景建模为如图 4.3 所示的决策树;通过训练得到式(4-35)定义的状态动作价值函数,将图 4.4 中的黑色部分剪枝后即可生成中复杂度场景库。

4.4 中复杂度测试场景库生成典型应用

本节选取自然驾驶环境中典型的中复杂度跟驰场景作为测试案例,应用中复杂度测试场景库生成方法。首先,基于马尔可夫决策过程构建场景的决策树;其次,基于所提出的中复杂度测试场景库生成方法,通过强化学习方法求解动作价值函数,对决策树进行剪枝,生成测试场景库;最后,测试典型的自动驾驶汽车跟驰模型,通过实验结果验证中复杂度场景库生成方法的准确性和高效性。

4.4.1 典型场景分析与建模

跟驰场景是真实道路中十分典型的驾驶场景,本节分析如图 4.1 所示的中复杂度跟驰场景,并基于马尔可夫决策构建场景决策树。

首先,将如图 4.1 所示的跟驰场景建模为中复杂度场景(本章研究的是中复杂度场景库的生成问题)。跟驰场景的时长选取为 30 s,背景车辆控制的频率为 1 Hz,即每秒改变一次控制输入,则由如式(4-1)所示,跟驰场景的决策变量为 33 维。

然后,基于马尔可夫决策理论将跟驰场景建模为决策树。定义场景的状态为

$$\mathcal{S} = (v_{\text{BV}}, R, \dot{R}) \tag{4-41}$$

其中,v_{BV} 表示背景车辆的速度,R 表示两车相对距离,$\dot{R}$ 表示两车相对速度,分别按照 1 m/s、1 m 和 1 m/s 的精度进行离散。定义场景的动作为背景车辆的加速度输入,按照 0.2 m²/s 的精度进行离散。后继时刻的动作仅由当前时刻的状态决定,符合马尔可夫性的要求。场景的决策变量 x 可以转化为"状态—动作—状态……"的决策序列,即 $s_1 \xrightarrow{u_1} s_2 \xrightarrow{u_2} \ldots$。场景曝光频率可由式(4-29)根据自然驾驶数据计算。

4.4.2 跟驰场景安全性测试

类似于低复杂度场景的研究，典型应用研究主要包括两个部分：测试场景库生成和基于场景库的自动驾驶汽车智能测试。为了保持本书的简洁性，本节侧重于与中复杂度场景相关的内容，包括自然驾驶数据分析、代理模型构建和强化学习训练方法，不再阐述与低复杂度场景案例研究相同的部分。

1) 自然驾驶数据分析

本研究采用美国密西根大学 Integrated Vechiel-Based Safety System (IVBSS) 项目[40,103]的自然驾驶数据。为了提取数据集中的跟驰场景和自由驾驶场景，本研究采用以下查询标准：① 车辆在高速公路上行驶；② 车辆的行驶速度大于 20 m/s ($\approx$ 45 mph)；③ 自适应巡航功能关闭；④ 道路表面干燥；⑤ 驾驶行为发生在白天。根据以上标准提取了 5×10^4 个跟驰事件，包含了总共 1.47×10^6 个轨迹数据点；提取了 3×10^4 个自由驾驶事件，包含了总共 7.40×10^6 个轨迹数据点。

根据提取的自然驾驶数据可得到状态和动作的曝光频率。状态的曝光频率 $P(s)$ 可以根据跟驰场景中不同状态的出现频率估计得到，而动作的曝光频率 $P(u|s)$ 则根据背景车辆自由行驶场景中动作出现的频率估计得到。由于自由行驶中可认为背景车辆的加速度仅取决于当前时刻的速度，即

$$P(u|s) = P(u|v_{\mathrm{BV}}) \tag{4-42}$$

因此动作的曝光频率可以通过统计 $P(u|v_{\mathrm{BV}})$ 得到。

分析可知，状态和动作的空间远小于场景决策变量的空间。状态和动作的取值范围由自然驾驶数据确定，相对距离、相对速度、速度和加速度的取值范围分别为 $R \in (0, 115]$、$\dot{R} \in [-10, 8]$、$v \in [20, 40]$ 和 $u \in [-4, 2]$。因此，跟驰场景决策变量的空间大小为

$$N(\mathbb{X}) = 115 \times 19 \times 31^{30} \approx 1.2 \times 10^{48} \tag{4-43}$$

而状态空间的大小为

$$N(\mathcal{X}) = 21 \times 115 \times 19 = 45885 \tag{4-44}$$

动作空间的大小为

$$N(\mathcal{X}) \times N(\mathbb{U}) = 45885 \times 31 \approx 1.4 \times 10^5 \quad (4\text{-}45)$$

两者均远小于决策变量的空间大小。

2）代理模型构建

与切车场景研究相同，本研究采用十分常用的智能驾驶模型（intelligent driving model，IDM）[101]作为代理模型（式（3-25））刻画自动驾驶汽车在跟驰场景中的行为。传统的智能驾驶模型是绝对安全模型[102]，为了让模型更真实有效地模拟交通事故行为，引入速度和加速度的约束：

$$v_{\min} \leqslant v \leqslant v_{\max}, a_{\min} \leqslant u \leqslant a_{\max} \quad (4\text{-}46)$$

智能驾驶模型中的参数值选取详见表 3.1。

3）强化学习训练方法

本章通过强化学习的训练实现中复杂度测试场景库生成方法。为了提升训练的效率，将状态空间定义为碰撞状态、危险状态和安全状态三类。碰撞状态用 $\mathcal{X}_c$ 表示，是指发生交通事故事件的状态，即 $\mathcal{X}_c = \{s \in \mathcal{X} | R \leqslant d_{\text{acci}}\}$，其中 d_{acci} 为定义的交通事故事件阈值，如 1 m。安全状态用 $\mathcal{X}_s$ 表示，是指在最危险情况下也不会导致事故事件发生的状态，即

$$P(S|s \in \mathcal{X}_s) = 0 \quad (4\text{-}47)$$

在该案例中，当场景处于一个状态时，如果背景车辆采取最大减速度刹车也不会导致事故事件，则称该状态为场景的一个"安全状态"。危险状态用 $\mathcal{X}_d$ 表示，是指一个状态导致事故事件的可能性，即

$$P(S|s \in \mathcal{X}_d) > 0 \quad (4\text{-}48)$$

于是，动作价值函数的取值范围可以由状态所属类别确定：

$$P(S|u_k, s_k) = \begin{cases} 0, & s_k \in \mathcal{X}_s \\ 1, & s_k \in \mathcal{X}_c \\ (0,1), & s_k \in \mathcal{X}_d \end{cases} \quad (4\text{-}49)$$

根据式（4-35）所定义的动作价值函数，$P(u_k|s_k)$ 由自然驾驶数据分析得到，因此对动作价值函数求解的关键是对 $P(S|u_k, s_k)$ 的求解。考虑式

(4-49)可知,对 $P(S|u_k,s_k)$ 求解的关键是对 $s_k \in \mathcal{X}_d$ 的求解。因此,在强化学习的训练过程中,训练数据的起始状态应该在危险状态中选取。由于危险状态仅占全部状态空间的一部分,此方法可以提升训练过程的效率。图 4.5为跟驰场景中的状态分类示意图,训练过程应从危险状态起始,终止于碰撞状态或安全状态。在本案例中,通过对代理模型的仿真完成状态分类,提取了约 5000 个危险状态,约占全部状态的 10%。

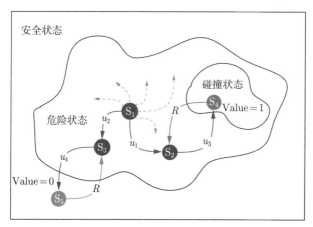

图 4.5　跟驰场景中的状态分类示意图

训练过程起始状态在危险状态中选取

接下来讨论强化学习训练过程中的初始化、训练策略和停止标准。首先,采用自然驾驶数据中的曝光频率作为动作价值函数的初始取值。由于动作价值函数最天然的基准即自然驾驶数据中的曝光频率,对于没有训练到的地方,采取曝光频率作为默认的价值函数是很自然的选择。其次,训练过程中选取训练动作的策略采用均匀采样方法,可以保证当训练过程次数趋于无穷多时,每一个动作都能被无穷多次训练。最后,选择时间差分误差的绝对值作为判断训练是否收敛的标准,即 $|\delta_t| < \delta_0$ 时停止训练。在本研究中,δ_0 选取为 10^{-10}。

4)测试场景库生成

本研究在装配有 Intel i7-7700 CPU 和 16G RAM 的 MATLAB 2018 平台上进行强化学习的训练过程,即测试场景库的生成过程。训练过程持续了约 20 min 达到收敛,图 4.6为训练过程中时间差分误差绝对值的结果曲线,约在 3×10^6 次迭代后,动作价值函数收敛。

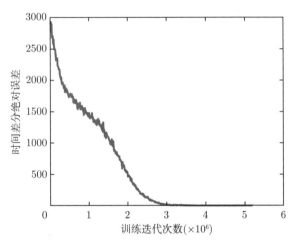

图 4.6　跟驰场景训练过程中时间差分误差绝对值的结果曲线

接下来,以典型的动作价值函数训练结果为例,说明场景库与自然驾驶数据中曝光频率的差异。图 4.7 为状态 $s = (38, 6, -2)$ 的动作价值函数训练结果图,红色曲线代表训练后的动作价值函数,蓝色曲线代表自然驾驶数据中的曝光频率。从该典型结果可以看出,训练后的动作价值函数更加注重加速度在 $[-4, -3]$ 的取值,即背景车辆急减速,考虑了场景的机动挑战性;另外,动作价值函数的最大值在 $u = -3.4 \text{ m/s}^2$ 而不是 $u = -4 \text{ m/s}^2$,这是因为考虑了场景曝光频率的影响。由此可知,训练结果综合考虑了机动挑战和曝光频率,与场景测试关键度的定义一致。

5)自动驾驶汽车智能测试

为了验证方法的准确性和高效性,本研究测试与第 3 章相同的自动驾驶跟驰模型[43-44]。测试场景根据训练后的动作价值函数选取,初始状态根据式(4-32)选取,背景车辆的加速度选取根据式(4-34)选取。类似于第 3 章的案例研究,测试场景选取的过程中采用 ϵ-贪婪策略,其中 $\epsilon = 0.1$。因此,对于如图 4.7 所示的加速度价值函数,仍然有一定的概率采样到大于 $-3 \text{ m}^2/\text{s}$ 的加速度。同样,以自然驾驶数据中的曝光频率为采样频率的道路测试方法被作为比较基准。

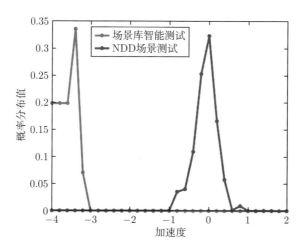

图 4.7　状态 $s = (38, 6, -2)$ 的动作价值函数训练结果图（前附彩图）

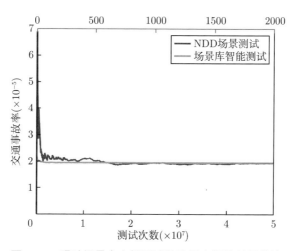

图 4.8　跟驰场景安全性测试的事故率评估结果曲线

图 4.8 和图 4.9 显示了两种测试方法所得到的结果。深色曲线表示道路测试方法得到的结果，底部横轴表示相对应的测试次数；浅色曲线表示智能测试得到的结果，顶部横轴表示相对应的测试次数。如图 4.8 所示，两种方法都能够得到事故率准确的估计值，但本章所提出的基于测试场景库的方法能够显著减少测试所需要的次数。图 4.9 显示，对于预定的估计精度（测试结果的相对半宽小于 0.2），本章所提出的方法仅需要 50 次测试，而道路测试方法需要 1.875×10^7 次测试。相较于道路测试方法，

本章所提出的方法加速了约 3.75×10^5 倍，显著提高了车辆测试的效率。

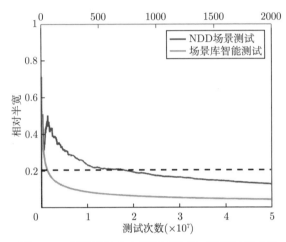

图 4.9　跟驰场景安全性测试的相对半宽结果曲线

第 5 章　高复杂度测试场景库生成方法研究与应用

本章围绕动态、多样和连续的高复杂度场景库生成问题，在第 4 章研究的基础上，引入深度强化学习理论，提出高复杂度条件下的测试场景库生成方法，有效提高了测试场景的时间精度和空间精度，进一步拓展了场景库生成方法的适用范围。为了验证场景库生成方法的有效性，本章选择高复杂度的跟驰场景作为典型案例。

本章的研究难点集中于解决场景空间与时间精度增加带来的"维度灾难"问题。中复杂度测试场景刻画了动态元素在时间维度上的状态演变，然而受限于强化学习理论的局限性，场景的时间精度和空间精度均受到较大限制。为了更准确地刻画真实场景，场景决策变量的复杂度需要继续增加，因此场景库生成方法面临困难。为了解决上述困难，本章引入神经网络至强化学习理论中，构建基于深度强化学习理论的场景库生成方法。

5.1　高复杂度测试场景库生成需求分析

5.1.1　测试场景特征分析

高复杂度测试场景能够更准确地衡量真实道路中的驾驶环境。相较于动态、单一和离散的中复杂度场景，动态、多样和连续的高复杂度场景考虑场景元素在连续空间维度上的状态演变，并能够刻画涉及多辆背景车辆的复杂场景。第 4 章对如图 4.1 所示的跟驰场景的建模进行了时间和空间上的离散：在空间上对场景的状态进行了离散；在时间上对背景车辆的控制频率进行了离散,离散精度是 1 s。对场景的离散处理降低了场景的复杂度,但也降低了对真实场景的还原度和测试的可信度。如果将背景车辆的控制频率从 1 Hz 增加到 10 Hz,则对于同样时间长度的跟驰场景,维度将从 33 维增加到 303 维,场景的维度显著增加。

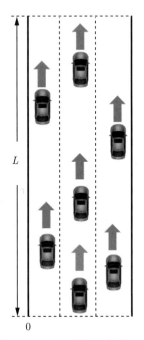

图 5.1　高速行驶场景示意图

高复杂度场景有能力完整地刻画自动驾驶汽车的设计运行域。自动驾驶汽车的设计运行域可能是高度复杂的,对应的测试场景则具有高复杂性。如图 5.1 所示,如果自动驾驶汽车的设计运行域是在高速公路上行驶,则测试场景的复杂度是极高的。在传统的研究中,通常将复杂的场景分解为简单的场景分别测试,例如分别测试跟驰场景和换道场景,以评估自动驾驶汽车在高速上的行驶能力。然而,自动驾驶汽车的表现受多种因素影响,一辆自动驾驶汽车在单独背景车辆场景下的跟驰表现,未必能够反映其在多背景车辆共同存在场景下的跟驰能力。最准确的方法是根据设计运行域完整地生成测试场景,对自动驾驶汽车的表现进行测试,而此时生成的场景通常包含若干背景车辆，有较大的时间和空间尺度，具有高复杂度。

5.1.2 场景库生成需求分析

高复杂度场景给场景库生成带来更严重的"维度灾难"。在第 4 章中，强化学习理论的引入解决了中复杂度场景库的生成问题。然而，随着场景时间和空间精度的增加，状态空间 $N(\mathcal{X})$ 指数性增加，动作价值函数 $Q(s_k, u_k)$ 的训练和收敛变得十分困难。为了生成高复杂度场景库，需要引入新的理论和方法。

高复杂度场景库生成需要解决第 4 章提出方法中的离散误差问题。在第 4 章中，强化学习理论的引入解决了中复杂度场景库的生成问题。然而，由于强化学习理论的状态空间是基于表格存储的，存在离散误差问题。当时间精度和空间精度提高时，离散误差问题变得更加显著。例如，在如图 4.1 所示的跟驰场景中，如果将背景车辆加速度的控制频率提高至 10 Hz，即 0.1 s 控制一次，如果当前的相对速度是 2 m/s，则一个控制步长产生的相对距离变化在 0.2 m，由于状态空间中相对距离的离散精度是 5 m，因此状态空间无法有效衡量车辆相对关系的变化，破坏了场景的马尔可夫性。

5.2 深度强化学习理论

为了解决基于强化学习理论的场景库生成方法的局限性，本节引入深度强化学习理论，为提出高复杂度场景库生成方法奠定理论基础。深度强化学习作为机器学习领域中的一个重要方法，成功结合了深度学习和强化学习，利用深度神经网络表征强化学习的价值函数，同时利用强化学习为深度神经网络提供带标签的训练样本。目前深度强化学习的应用主要在围棋、Atari 游戏、机械臂和自动驾驶汽车等方面[65,113-122]，具体应用场景可以参考图 5.2。本节将主要介绍与场景库生成相关的理论：首先，介绍深度 Q 网络（deep Q network，DQN）的基本原理；其次，介绍深度强化学习的重要挑战；然后，针对这些挑战，介绍原始 DQN 的改进策略；最后，介绍深度强化学习的算法流程。

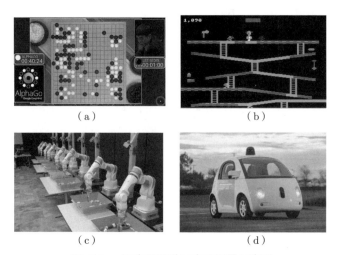

图 5.2　深度强化学习应用场景示意图

（a）围棋；（b）Atari 游戏；（c）机械臂；（d）自动驾驶汽车

5.2.1　深度 Q 网络基本原理

原始的深度强化学习算法被称作"深度 Q 网络"，由 Google Deepmind 于 2015 年提出。深度 Q 网络作为价值取向的深度强化学习算法，本质上的目标是估算最优策略的 Q 值，即动作价值函数，这与传统的强化学习一致。不同的是，DQN 使用深度神经网络代替强化学习算法中的 Q 表，作为价值函数的近似，也就是 $Q(s,a)$，其中 s 为当前的状态，a 为可以采取的动作，因此最基本的 DQN 架构如图 5.3 所示。

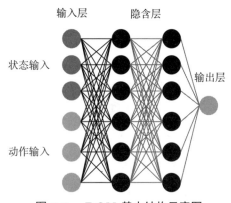

图 5.3　DQN 基本结构示意图

如图 5.3 所示的 DQN 基础结构存在一个问题，即将状态 s 和动作 a 同时作为神经网络的输入，但是在实际过程中，状态 s 的维度通常远远多于动作 a，例如在 Atari 的打砖块游戏中，状态 s 是显示器输出的图像，而动作 a 只有三个维度，向左、向右和不变。同时，在绝大多数情况下，状态的维度可以利用各种降维方法得到控制，同时不损失绝大多数信息，因此研究者设计了改进版的 DQN，如图 5.4 所示。改进后的 DQN 从多输入单输出的神经网络变成了多输入多输出的神经网络，输入为状态 s，输出为各个动作 a 的 $Q(s,a)$ 的取值。

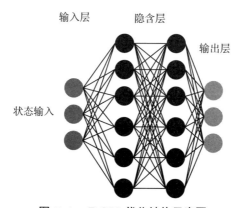

图 5.4 DQN 优化结构示意图

如图 5.4 所示的网络结构有效地解除了状态 s 和动作 a 之间的耦合关系，同时为利用神经网络进行维度降低的操作提供了可行性。例如在 2015 年的 Deepmind 论文中[111]，得益于改进版的 DQN 的结构，研究者得以利用卷积神经网络（convolutional neural network，CNN）这一在图像识别领域十分典型的神经网络对图像输出做信息提取和维度降低。

5.2.2 深度强化学习方法

深度强化学习试图将深度学习和强化学习融为一体。然而，由于深度学习和强化学习基本原理的不同，两者的融入面临重要挑战。

首先，作为 DQN 中基础部分的深度学习算法是有监督的机器学习算法，需要满足以下两个条件：

（1）输入的数据需要满足独立同分布（independent and identically distributed，IID）假设；

（2）需要大量的带标签的数据进行训练。

然而，在强化学习中与环境的交互通常是连续进行的，如果按照传统方法在线学习，即采用仿真得到的数据直接训练深度神经网络，则会使训练数据之间具有较高的相关性。

其次，强化学习的训练过程是对价值函数不断优化的过程，随着价值函数的变化，强化学习根据价值函数得到的动作策略通常也会不断改变[109]，使样本产生的分布发生变化，无法满足输入数据独立同分布的假设。

最后，强化学习的奖励函数通常作为输入数据的标签使用。然而，由于奖励函数的延迟性和稀疏性，原始的强化学习算法难以给深度神经网络的训练提供充足且高质量的标签。奖励函数的延迟性是指与获得奖励密切相关的动作通常在获得奖励之前出现，有时甚至会存在数千步的间隔；奖励函数的稀疏性是指在大多数场景下奖励函数为 0，仅有少数场景下能够获得有效奖励。以迷宫游戏为例，该游戏的奖励通常设定为在逃出迷宫时获得，而在训练过程中，逃出迷宫是小概率事件，因此获得的奖励是稀疏的。

为了解决深度强化学习带来的挑战，研究人员提出了多种深度 Q 网络的修正方法，其中以下两种方法取得了显著的效果：经验回放（experience replay）和固定 Q 目标（fixed Q target）。

1）经验回放方法

经验在 DQN 算法中的定义如下：

$$\text{Experience} = [s, a, r, s'] \tag{5-1}$$

其中，s 为初始的状态，a 为采取的动作，r 为环境给出的反馈，s' 为环境经过动作更新后的状态。这样的一个元组就是 DQN 算法中经验缓冲区（replay buffer）的基本组成元素，在 DQN 算法训练的过程中，环境仿真每进行一步，都会提供一个类似这种形式的经验元组。在传统的强化学习算法中，环境仿真每进行一步，就会将收集的经验投入状态价值

函数的训练中,训练公式如下:

$$Q(s,a) \leftarrow Q(s,a) + \alpha \left\{ \gamma \left[\max_{a' \in A} Q(s',a') + r - Q(s,a) \right] \right\} \quad (5\text{-}2)$$

其中,α 为学习率,控制着收集到的样本在训练时对于原始的 Q 表改进的程度;γ 为衰减回报率,用来对于一段时间后的回报函数做惩罚;$\mathcal{A}$ 为动作空间,表示强化学习算法可以选择的所有动作组成的集合。

对于深度强化学习,上述训练方法需要加以修正以满足输入数据独立同分布的假设。为了达到这个目标,引入经验回放的方法。在每一次仿真过程中,强化学习算法的智能体使用 ϵ-贪婪策略选择动作,产生的经验 $[s,a,r,s']$ 存储到一个经验缓冲区,在算法参数更新时,对于缓冲区中的样本进行随机采样,并且通过强化学习算法更新模型的参数。这种方法主要有以下三种优势:

(1)随机采样打破了仿真生成样本的相关性,从而令独立同分布条件得到满足;

(2)收集到的数据会被多次采样而后训练,可以提高数据的利用率;

(3)随机从历史数据中采样可以避免算法收敛到局部最优甚至发散。

事实上,使用经验回放也存在着额外的原因,那就是深度神经网络在进入强化学习训练时很容易进入过拟合的状态。在进入过拟合之后,深度神经网络就没有办法再产生更多种类的样本来提供丰富的训练资源,从而陷入过拟合和局部最优中。而通过存储原始的样本,可以尽量避免深度神经网络的过拟合。

2)固定 Q 目标方法

强化学习和深度强化学习本质上采用了时间差分算法(详见 4.2.3 节),其基本更新算法如下:

$$Q(s_t, a) \leftarrow Q(s_t, a) + \alpha \left\{ r_{t+1} + \gamma \max_p \left[Q(s_{t+1}, p) \right] - Q(s_t, a) \right\} \quad (5\text{-}3)$$

注意到这里的 $Q(s,a)$ 公式是由深度神经网络得到的,因此随着深度神经网络参数的不断更新,$Q(s,a)$ 的取值也不断变化。但是在实际操作中,目标函数 $Q(s,a)$ 的频繁变化对于训练是不利的,甚至会影响训练的稳定性。

为了让目标函数更加稳定，DQN 引入一种称为"固定 Q 目标"（fixed Q target）的方法，其核心在于引入两个并非同步更新的 Q 网络，一个称为"评估网络"（evaluate network，EN），另一个称为"目标网络"（target network，TN）。其中，评估网络的参数在每次 DQN 算法训练的过程中都会随误差函数的反向传播而更新，而目标网络会在固定的循环次数（通常是数千步）后再更新到最新的参数。通过这样的方法，DQN 可以获得一个相对稳定的目标网络，可以加速训练并且使训练更加稳定。在引入这个参数后，修改 DQN 的更新公式为如下形式：

$$Q_{\text{eval}}(s_t,a) \leftarrow Q_{\text{eval}}(s_t,a) + \alpha \left\{ r_{t+1} + \gamma \max_p [Q_{\text{target}}(s_{t+1},p)] - Q_{\text{eval}}(s_t,a) \right\} \quad (5\text{-}4)$$

其中，Q_{eval} 代表评估网络中近似的价值函数，而 Q_{target} 代表目标网络中近似的价值函数。

5.2.3　深度强化学习算法

经过上述改进策略，深度强化学习的整体框架如图 5.5 所示，算法的基本算法流程如下：

（1）环境和基于评估网络的智能体（agent）进行交互仿真并且获得 (s,a)，即状态和评估网络选择的动作；

（2）环境以 s 为初始状态，以 a 为输入仿真一步，获得仿真后的状态 s'，以及仿真环境的反馈 r；

（3）收集到一个 (s,a,r,s') 的元组并且存储到经验缓冲区；

（4）从经验缓冲区随机采样或按权重采样，送入神经网络训练，更新评估网络的权重取值，则一次仿真结束；

（5）在持续仿真数千步后，将目标网络的权重取值和评估网络同步，直到训练收敛。

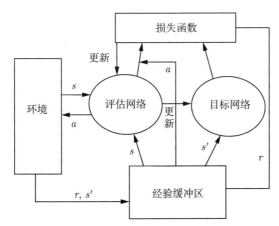

图 5.5　深度强化学习算法结构示意图

5.3　高复杂度测试场景库生成方法

在深度强化学习理论的基础上，本节提出高复杂度测试场景库生成方法。高复杂度测试场景库生成方法是对第 4 章场景库生成方法的延伸，在场景建模、关键度求解和关键场景搜索等方面有内在的一致性。本节首先简要介绍与中复杂度场景库生成相一致的基本原理。其次，针对场景库生成问题研究深度强化学习理论相关的问题，包括神经网络构建、神经网络初始化和神经网络训练等。

5.3.1　高复杂度场景库生成原理

高复杂度场景库生成的基本原理是对第 4 章生成方法的延伸和拓展。首先，高复杂度场景同样基于马尔可夫决策过程进行建模，如图 4.3 所示，将场景的决策变量表示为状态和动作序列。与中复杂度场景库生成不同的是，高复杂度场景库生成中的状态采用连续状态表示，避免了状态离散化带来的误差。而动作空间仍然采用离散化变量，这是因为在真实场景中，控制器的精度是有限的，对动作空间的离散化是合理的。由于状态空间的连续化，马尔可夫性得到了有效保障，有效提升了动作的频率，例如采用真实应用中最常采用的 10 Hz。对于如图 5.1 所示的场景，场景动作不仅包含跟驰动作还包含换道动作。此时场景的状态可以定义为

$$s = (s_1, s_2, \cdots, s_m) \tag{5-5}$$

其中，m 为场景车辆数量，s_i 表示第 i 辆车辆的状态：

$$s_i = (l_i, p_i, v_i) \tag{5-6}$$

分别表示车辆的车道序号、位置和速度。场景动作可以定义为

$$a = \begin{pmatrix} \lg_1 & \cdots & \lg_{m-1} \\ u_1 & \cdots & u_{m-1} \end{pmatrix} \tag{5-7}$$

其中，u_i 表示第 i 辆背景车辆的加速度，$\lg_i$ 表示第 i 辆背景车辆的换道动作，有

$$\lg_i = \begin{cases} -1, & \text{向左换道} \\ 0, & \text{保持车道} \\ 1, & \text{向右换道} \end{cases} \tag{5-8}$$

通过类似的场景建模方式，可以对一般的高复杂度场景进行建模。

其次，可以证明定理 4.1 同样适用于高复杂度场景库生成问题，即式（4-40）所提出的动作价值函数迭代方程能够保证动作价值函数收敛至式（4-35）。考虑到 5.2.3 节提出的深度强化学习带来的挑战，引入评估网络和目标网络之后，式（4-40）改变为

$$Q_{\text{eval}}(s_t, u_t) \leftarrow Q_{\text{eval}}(s_t, u_t) + \alpha \left\{ \left[\sum_{u_{t+1} \in \mathbb{U}} Q_{\text{target}}(s_{t+1}, u_{t+1}) \right] P(u_t|s_t) - Q_{\text{eval}}(s_t, u_t) \right\} \tag{5-9}$$

通过上述场景建模方式，采用类似的证明过程，可以将定理 4.1 推广至高复杂度场景库生成问题。

最后，当网络收敛后动作价值函数收敛至式（4-35）时，关键场景由决策树中的关键动作序列表示。定义 $Q(s_k, u_k) > 0$ 为关键动作，则由决策树中的关键动作序列表示的场景即有 $V(x) > 0$，包含了全部关键场景（阈值为 0），如图 4.4 所示。

5.3.2 基于深度强化学习理论的场景库生成

深度强化学习理论的引入给场景库生成带来了若干具体问题，如神经网络构建、神经网络初始化和神经网络训练等，本节针对这些问题给出具体方法。

1）神经网络构建

网络结构构建既是深度强化学习的基础，也是高复杂度场景库生成方法的基础。在场景库生成过程中，网络的输入是状态，而输出是该状态下不同动作的价值函数 $Q(s,u)$。因此，网络的输入层节点数对应状态的维度，网路的输出层节点数对应动作的取值个数。在如图 4.1 所示的跟驰场景中，状态定义为 $\mathcal{S}=(v_{\mathrm{BV}},R,\dot{R})$，即状态空间为三维；加速度经过离散后共计 31 个可能取值。图 5.6 表示了在此情况下的网络结构示意图，输入层和输出层分别有 3 个和 31 个节点。中间的隐层是网络拟合能力的来源，过多或过大的隐层会导致网络的过拟合问题，而过少或过小的隐层会限制网络的拟合能力。在场景库生成问题中，默认了 2 个隐层、每层 50 个节点的网络结构，如图 5.6 所示。作为深度强化学习的超参数，网络结构需要根据具体的问题做预先调整。

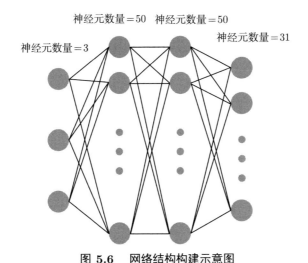

图 5.6 网络结构构建示意图

2）神经网络"热启动"

网络初始化是影响网络收敛的重要因素。好的网络初始化可以更好地描述网络真值的轮廓，避开多数局部最优点的影响，加速网络收敛的速度；而糟糕的网络初始化则可能使网络陷入局部最优点，使训练过程花费更长的时间跳出局部最优点。一般情况下，在没有更好的先验信息时，网络初始化通常采用随机初始化，这样的初始化虽然不会很好，但也不会很糟。本章所提方法希望在第 4 章的基础上，引入更多先验信息，优化神经网络初始化过程，加速网络训练效果，实现网络训练的"热启动"。

"热启动"的基本思想是通过中复杂度场景库生成方法对高复杂度场景进行"粗糙"建模，将训练得到的测试关键度函数作为网络初始化。对于一个场景，通过对时间和空间维度的"粗略"离散化，可以将其建模为中复杂度场景，并通过第 4 章所提出的场景库生成方法，求解在此建模情况下的动作价值函数 $Q(s,u)$，即场景关键度。事实上，如 5.1.2 节所示，由于离散误差的存在和马尔可夫性的破坏，中复杂度建模所求解的价值函数是不准确的，其误差大小因具体场景而异。然而，虽然该建模方法下求解的价值函数是不准确的，但仍然能够刻画一定的趋势，如果将其作为深度强化学习中神经网络的初始化参数，能够有效加速神经网络的训练过程，实现"热启动"。

图 5.7 为神经网络"热启动"的示意图。通过对高复杂度场景的"粗略"离散，经由中复杂度场景库生成方法，得到对动作价值函数的估计。然后，以该动作价值函数作为初始化网络的有标签数据训练初始网络，当初始化网络收敛时，即得到深度强化学习神经网络的初始化参数。

图 5.7　神经网络"热启动"初始化示意图

3）神经网络训练方法

神经网络训练已存在非常成熟的理论与方法，本书采用小批量梯度下降和反向传播算法训练神经网络。首先，简要介绍小批量梯度下降算法。在本节的神经网络训练和 DQN 训练中，均采用小批量梯度下降算法作为优化器算法，该算法的核心思想是每次从数据集中采集一个小批量样本，并利用该批量的样本对参数进行更新。常见的优化算法还有随机梯度下降和批量梯度下降，选用小批量梯度下降的主要原因有以下两点：① 相较于随机梯度下降，小批量梯度下降可以实现并行化，可以减少收敛所需的迭代次数；② 相较于批量梯度下降，小批量梯度下降则有明显的性能优势，使用的数据量明显小于批量梯度下降算法。小批量梯度下降算法的一个核心参数就是批量的选择。合理增加批量的优势：现代处理器多为多核心架构，增加批量大小可以充分利用多个核心，提高运算效率；一定范围内的大批量可以带来更加稳定的梯度方向，从而削弱随机梯度下降带来的训练震荡的问题。而批量过大的劣势：内存容量可能不足；由于迭代次数减少得过多，在达到相同精度的前提下，时间损耗增加，训练效果减慢。

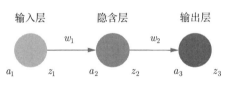

图 5.8　BP 算法神经网络结构

其次，简要介绍反向传播算法。反向传播算法作为现代神经网络的核心技术之一，被广泛应用在神经网络的训练上，其核心思想在于从输出到输入一层一层的传播误差的梯度，该算法认为神经网络为多维空间到多维空间的，具有很强的非线性的映射，而神经网络强大的非线性能力来自多个连续传播的简单的非线性函数，BP 算法的核心步骤如下所示：① 输入正向传播；② 误差反向传播；③ 神经网络权重更新。在神经网络对于输入正向传播时，输入的参数随着层数一层一层的传递，从输入层到隐含层，最终到达输出层得到输出，由输出和训练数据的标签确定的损失函数之后，可以通过各层神经网络参数和损失函数的代数关系计算误差函数相对于各层参数的偏导数取值，从而构成了神经网络的梯度向量，该向量会被当作权值变化的权重随神经网络的学习而不断更新。以图 5.8 所示的三层神经网络为例观察反向传播算法，输入层、隐含层和输出层均含有一个神经元,神经网络不断地获得每一层的输出直到得到最终结果,基于神经网络的结构,可以认为神经网络的输出就是多个线性函数和激活函数的叠加。

5.4 高复杂度测试场景库生成典型应用

本节将高复杂度测试场景库生成方法应用至典型案例。增加跟驰场景的时间和空间精度,将跟驰场景建模为高复杂度场景,并通过本章提出的方法构建测试场景库。为了验证场景库的准确性和高效性,采用第 4 章测试的自动驾驶汽车模型。虽然此应用中背景车辆只有一个,该应用研究仍能够验证高复杂度场景库生成方法的有效性。在未来工作中,高复杂度场景生成方法将为解决如图 5.1 所示的高速行驶场景库生成问题提供重要基础。

5.4.1 典型场景分析与建模

跟驰场景是自然驾驶环境中十分典型的驾驶场景,本节选取如图 4.1 所示的跟驰场景作为研究案例。不同于第 4 章的中复杂度场景分析,本研究中场景的状态采用连续状态,背景车辆的控制频率提升至 10 Hz,将跟驰场景决策变量建模为

$$x = \left(v_0, R_0, \dot{R}_0, u_1, u_2, \ldots, u_m\right) \tag{5-10}$$

其中,$s = (v, R, \dot{R})$ 表示场景的状态,背景车辆加速度 u 表示场景的动作。对于长度为 30 s 的跟驰场景,由于背景车辆控制频率的提升,决策变量提升至 303 维度,跟驰场景被建模为高复杂度场景。研究采用第 4 章提出的马尔可夫过程建模方法,并构建如图 4.4 所示的决策树。

5.4.2 跟驰场景安全性测试

与前文的案例研究相似,典型应用主要分为两个部分:测试场景库生成和基于测试场景库的自动驾驶汽车智能测试。本节着重介绍与前文案例研究中不同的部分,如神经网络"热启动"、测试场景库生成和自动驾驶汽车智能测试。

1) 神经网络"热启动"

采用第 4 章所提出的中复杂度测试场景库生成方法，利用强化学习方法获得离散状态下的动作价值函数 $Q(s,u)$。自然驾驶数据分析、代理模型构建和强化学习训练方法采用第 4 章提出的方法。中复杂度场景库生成获得的离散的状态价值函数和动作价值函数是本研究中初始化网络的依据。

采用神经网络对离散的状态和动作价值函数进行拟合，主要步骤如下：

（1）随机初始化一个神经网络，其网络结构如图 5.6 所示；

（2）将全部的离散状态数据作为输入进行批量训练；

（3）网络的输出与相对应的离散动作价值函数 $Q(s,a)$ 比较，采用随机梯度下降方法优化网络参数；

（4）误差函数反向传播并修正网络参数；

（5）重复上述步骤，直至网络输出误差达到设定阈值。

本研究在英特尔 E5-2630 v4 和英伟达 Tesla P40 平台上训练神经网络，持续了约 10 min 达到收敛，图 5.9 表示"热启动"过程中的误差收敛趋势图。可以看出，经过约 1000 步训练后，网络可以有效收敛至离散化的状态动作价值函数，此时的网络参数即完成了"热启动"的初始化过程。

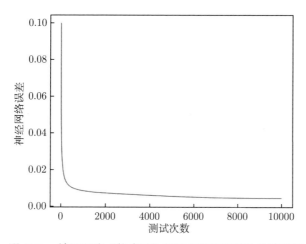

图 5.9 神经网络"热启动"初始化训练误差收敛趋势图

2）测试场景库生成

为了生成高复杂度测试场景库，通过深度强化学习方法训练场景决策树中的状态动作价值函数。在训练中，每回合采用 20 个数据点进行训练，学习率为 $\alpha=0.01$，ϵ-贪婪算法设置为 $\epsilon=0.1$，衰减系数设置为 $\gamma=0.9$，目标网络更新的周期为 100 个步长，经验回放缓冲区大小设置为 2×10^4，深度强化学习的训练过程持续约 1 h 后收敛。图 5.10 表示训练过程中网络的收敛结果图，可见经过约 2×10^4 次迭代后，网络趋向于收敛。相较于经典的深度强化学习，本研究中的网络收敛速度较快，一方面是由于本研究中问题的复杂程度相对较低，另一方面则是"热启动"过程带来的加速训练效果。

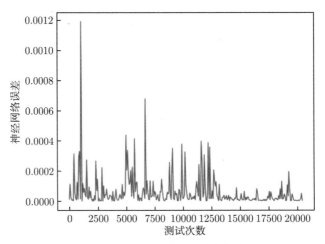

图 5.10　深度强化学习网络收敛结果图

下面采用三维离散分布的形式对训练得到的 $Q(s,a)$ 分布进行直观的阐述。为了可视化的便利，计算在每一个状态下不同动作价值函数的和。考虑到

$$P(S|s_t) = \sum_{u_t \in \mathbb{U}} P(S|u_t, s_t) P(u_t|s_t)$$
$$= \sum_{u_t \in \mathbb{U}} Q(s_t, u_t) \tag{5-11}$$

在深度强化学习中，动作价值函数的和表示该状态最终导致兴趣事件（定

义 2.9）的概率。如图 5.11 所示，其中 x 坐标轴表示相对距离，y 坐标轴表示相对速度，z 坐标轴表示背景车辆的速度。进一步地，考虑到每个状态的曝光频率，则有

$$P(s_t|S) = \frac{P(S|s_t)P(s_t)}{P(S)} \tag{5-12}$$

表示每个状态在训练后的采样概率，如图 5.12 所示。而对于自然驾驶数据，则可视化其自然驾驶状态下的采样概率，如图 5.13 所示。

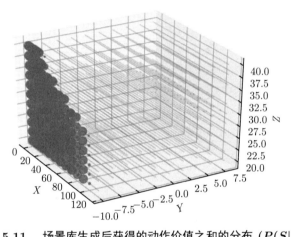

图 5.11 场景库生成后获得的动作价值之和的分布 ($P(S|s_t)$)

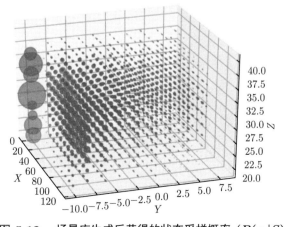

图 5.12 场景库生成后获得的状态采样概率 ($P(s_t|S)$)

由图 5.13 可知，自然驾驶数据中分布在 $R \in (40, 60), \dot{R} \in (-5, 0)$ 的部分最多，而很明显，利用前后相距 40~60 m 的两辆车进行仿真测试时，相撞的概率非常低，导致了测试的效率很低。在深度强化学习训练之后，得到如图 5.11 和图 5.12 所示的结果。从图 5.11 可以看出，深度强化学习的训练成功筛选了比较"危险"的数据点。而由图 5.12 看出，在综合考虑了场景的机动挑战性和曝光频率后，状态的采样更加合理，提高了测试的效率。

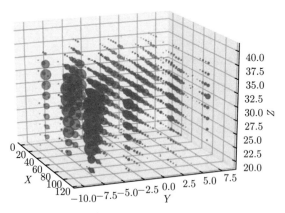

图 5.13　自然驾驶数据中获得的状态采样概率 $(P(s_t))$

3）自动驾驶汽车智能测试

本案例研究测试与第 3~4 章相同的自动驾驶汽车跟驰模型[43-44]。测试场景根据训练后的动作价值函数选取，初始状态根据式（4-32）选取，相应的公式改变为

$$P(s_1|S) = \frac{P(S|s_1)P(s_1)}{\int_{s_1 \in \mathcal{X}} P(S|s_1)P(s_1)} \tag{5-13}$$

其中，分母可以通过蒙特卡罗方法采样估计。背景车辆的加速度选取依据式（4-34）。类似于之前的案例，选取过程中采用 ϵ-贪婪策略，其中 $\epsilon = 0.1$。同样，以自然驾驶数据中的曝光频率为采样频率的道路测试方法被作为比较基准。

图 5.14 和图 5.15 显示了两种测试方法得到的结果，其中坐标轴的含义与第 4 章典型案例中含义相同。如图 5.14 所示，两种方法都能得到事

第 5 章 高复杂度测试场景库生成方法研究与应用

故率准确的估计值,但本章所提出的基于测试场景库的方法能够显著减少测试所需要的次数。图 5.15 显示,对于预定的估计精度(测试结果的相对半宽小于 0.2),本章所提出的方法需要约 400 次测试,而道路测试方法需要 2×10^7 次测试。相较于道路测试方法,本章提出的方法加速了约 5×10^4 倍,显著提高了车辆测试的效率。

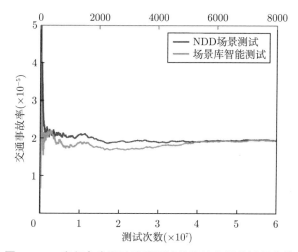

图 5.14 高复杂度跟驰场景测试的事故率评估结果曲线

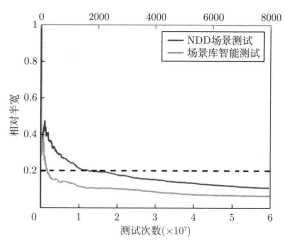

图 5.15 高复杂度跟驰场景测试的相对半宽结果曲线

第6章 自适应测试场景库生成方法研究与应用

本章围绕测试场景库的自适应生成问题，引入贝叶斯优化理论，提出自适应测试场景库生成方法，有效提升测试场景库对不同类型自动驾驶汽车的自适应性。为此，本书将场景库生成问题建模为贝叶斯优化问题，并将自动驾驶汽车的测试过程分为两个阶段：场景库自适应生成阶段和测试评价阶段。场景库自适应生成阶段引入非平稳高斯过程回归和高斯过程分类方法，设计获得函数（acquisition function），优化每一次自动驾驶汽车测试的场景以最大化测试获取的信息，实现场景库自适应优化。测试阶段则基于自适应优化后的场景库对自动驾驶汽车进行智能测试，实现对自动驾驶汽车的评估。为了验证所提方法的有效性，设计切车场景和高速下道场景作为典型案例研究。

本章的研究难点集中于解决场景库对不同类型自动驾驶汽车的自适应性问题。第3~5章提出的多种复杂度场景库生成方法，其共同特点是场景库均在测试自动驾驶汽车之前生成。根据智能测试理论，场景库的效率取决于代理模型与自动驾驶汽车的差异度（dissimilarity），场景库对于不同自动驾驶汽车的测试效率是不同的，这也导致了第3章至第5章的典型案例中智能测试方法效率的不同。如果被测试自动驾驶汽车和代理模型之间的差异性较大，那么场景库的测试效率将会受到显著的影响，提升场景库对不同类型自动驾驶汽车的自适应性变得十分重要。

6.1 自适应测试场景库生成需求分析

6.1.1 测试场景特征分析

自适应测试场景库是指场景库能够根据被测试自动驾驶汽车的特性自适应地优化，以生成更具有针对性的测试场景库。在第 3~5 章中，场景库的生成均基于代理模型完成于自动驾驶汽车测试之前。如果以自动驾驶汽车测试作为"线上"（on-line），则场景库的生成是"线下"（off-line）完成的。然而在实际应用中，被测试自动驾驶汽车和代理模型之间存在差异性，根据定理 2.2，这种差异性是影响测试效率的主要因素之一。具体而言，自动驾驶汽车和代理模型之间的差异性导致了两类"差异场景"（dissimilar scenarios）：过权重场景（overweight scenarios）和欠权重场景（underweight scenarios）。过权重场景是指包含在场景库中的非关键场景，即该类场景对代理模型是关键场景而对被测试自动驾驶汽车是非关键场景；欠权重场景是指未包含在场景库中的关键场景，即该类场景对代理模型是非关键场景而对被测试自动驾驶汽车是关键场景。图 6.1 是差异场景示意图，其中橙色部分表示被测试自动驾驶汽车的关键场景集，黄色部分表示代理模型的关键场景集，仅被一个集合包含的场景即差异场景。

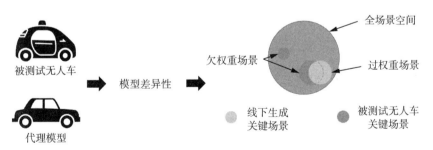

图 6.1 差异场景示意图（前附彩图）

差异场景是影响场景库测试效率的重要因素。过权重场景使测试存在"浪费"，大量测试了非关键场景；欠权重场景使测试场景存在"忽视"，关键场景被遗漏在场景库外，仅以较少的概率（详见 ϵ-贪婪采样策略）被测试。浪费和忽视现象是影响基于场景库的智能测试方法的效率的主要因素。

自适应场景库的目标是通过少量的自动驾驶汽车的"预测试"，优化测试场景库以减少差异场景的数量和影响，自适应地提升场景库的测试效率。具体而言，对于差异性较大的自动驾驶汽车，由于测试效率较低，达到预定的测试精度需要较多的测试次数。如果能够在正式测试之前，对自动驾驶汽车进行一定次数的"预测试"，然后根据自动驾驶汽车预测试的结果优化场景库，减少差异场景的数量和影响，再根据优化后的场景库进行正式测试评价，则预测试和正式测试的总测试次数可能仍远小于直接测试所需要的次数。从这个意义上，场景库根据被测试自动驾驶汽车的性能进行了自适应地优化，提升了智能测试的效率。

6.1.2 场景库生成需求分析

自适应场景库生成的主要困难是需要构建一套完整的理论与方法体系，包括自动驾驶汽车预测试方法和基于预测试结果的场景库生成方法。自动驾驶汽车的预测试需要动态的选取测试场景，以最大化利用测试结果获取信息，因此需要提出自动驾驶汽车预测试方法以指导测试场景的动态选取。具体的问题包括：

（1）如何根据线下生成的场景库初始化自动驾驶汽车的预测试？

（2）如何根据已有测试结果选择下一轮测试场景？

基于预测试结果的场景库生成方法，需要将线下生成的场景库和预测试结果有机结合，以有针对性地调整测试场景库。具体的问题包括：

（1）如何利用已有的测试结果衡量自动驾驶汽车和代理模型之间的差异性？

（2）如何基于对差异性的估计优化已有的场景库？

针对以上问题，需要构建一套完整的理论与方法体系，以构建自适应场景库生成理论与方法。

6.2 贝叶斯优化理论

为了解决上述问题，本节介绍贝叶斯优化理论（Bayesian optimization theory）[123-131]，为提出自适应测试场景库生成方法奠定理论基础。首先，介绍典型的贝叶斯优化问题，为自适应场景库生成问题的建模提供方法；其次，介绍贝叶斯优化方法，包括基本算法框架、目标函数建模、获得函数设计等；最后，介绍在贝叶斯优化中十分常用的高斯过程回归方法。

6.2.1 贝叶斯优化问题

存在以下贝叶斯优化问题

$$\max_{x \in \mathbb{X}} f(x) \tag{6-1}$$

并且有以下性质：

（1）$\mathbb{X}$ 为紧集；

（2）函数 f 是连续的；

（3）函数 f 是"黑箱"（black box），不存在特殊的结构，如凸性、线性等；

（4）函数 f 是可观测的，但其一阶导数、二阶导数等信息不可观测；

（5）函数 f 的观测是昂贵的，即对任意 $x \in \mathbb{X}$ 获得 $f(x)$ 的取值需要昂贵的成本。

问题的上述性质导致传统的优化方法不可行。凸优化方法[88]假设了函数的凸结构并需要梯度信息，但由于上述问题的性质（2）和性质（3）导致不可行；启发式搜索方法（heuristic search）（如遗传算法、模拟退火、蚁群算法等）基于大量对函数的观测，但由于性质（5）的存在，该类方法变得不可行。事实上，上述条件多数并不是贝叶斯优化方法需要的，而是上述条件使贝叶斯优化成为解决问题的优势方法，在一些违背上述情况的问题中（如一阶导数、二阶导数可观测），贝叶斯优化方法仍然具有一定的优势。

贝叶斯优化问题的来源是十分广泛的。在机器学习的超参数优化[123]、材料设计[129]、药物设计、复杂系统设计等多领域中，均会遇到贝叶斯优化问题。

6.2.2 贝叶斯优化方法

本节介绍贝叶斯优化的基本原理与方法，包括基本算法框架、目标函数建模、获得函数设计等与本章密切相关的内容。

1）基本算法框架

贝叶斯优化的核心理念是基于先验知识（prior knowledge）和观测（obeservation），得到后验知识（posterior knowledge），凭借后验知识指

导进一步的观测，最终得到对目标函数最优值的估计。贝叶斯方程是结合先验知识和观测的核心公式，即

$$P(x|y) = \frac{P(y|x)P(x)}{P(y)} \quad (6\text{-}2)$$

$$= \frac{P(y|x)P(x)}{\sum\limits_{x} P(y|x)P(x)}$$

其中，$P(x)$ 表示关于 x 分布的先验知识，$P(y|x)$ 表示基于先验知识观测 y 的可能性（likelihood），分母 $P(y)$ 表示正则化常数（marginal likelihood，又称"边缘可能"），$P(x|y)$ 表示基于观测和先验信息的后验信息。在贝叶斯优化问题中，如果 x 表示目标函数的相关参数，$P(x)$ 则是关于目标函数参数的统计模型，y 表示对目标函数的实际观测，$P(y|x)$ 表示在 x 参数下目标函数获得观测 y 的可能性，则 $P(x|y)$ 表示在先验知识和观测条件下对目标函数参数的后验估计。基于此后验估计，通过设计获得函数可以决策下一步的观测位置。通过两个过程的迭代，最终获得最优目标函数值。

通过上述理念可知，贝叶斯优化方法主要包括两个部分：① 基于贝叶斯统计模型的目标函数 f 建模；② 用以指导目标函数观测的获得函数。后文将详细介绍这两个部分的方法。在此基础上，贝叶斯优化的基本算法框架见算法 1。其中，对目标函数的初始化观测通常采用空间填充方法（space-filling），如均匀采样方法。

算法 1： 贝叶斯优化算法基本框架

1　对目标函数 f 建模；
2　对目标函数 f 进行初始化观测；
3　**while** 观测次数小于观测预算，即 $n < N$ **do**
4　　基于观测数据计算 f 的后验知识；
5　　基于后验知识计算获得函数，选取获得函数最大的 x_n；
6　　观测 $y_n = f(x_n)$；
7　**end**
8　输出最大化 f 的点 x。

2）目标函数建模

由于目标函数 f 观测的昂贵性，贝叶斯优化的重要部分是对目标函

数 f 建立统计模型,提供先验概率并计算后验概率。目标函数建模的常用方法包括参数模型法和非参数模型法。

参数模型法采用固定参数个数的函数对目标函数进行拟合。以 w 表示函数模型中的参数,假设其服从先验概率分布 $p(w)$,在参数 w 条件下得到观测是 $D_{1:t}$ 的概率是 $p(D_{1:t}|w)$,则参数 w 的后验概率是

$$p(w|D_{1:t}) = \frac{p(D_{1:t}|w)p(w)}{p(D_{1:t})} \tag{6-3}$$

选择 $p(w|D_{1:t})$ 最高的值作为对模型参数的估计,即

$$w^* = \max_w p(w|D_{1:t}) \tag{6-4}$$

根据 w^* 即可得到对目标函数的拟合。经典的参数模型法有贝塔-伯努利模型、线性模型和广义线性模型等。

非参数模型法中的参数个数随数据的增多而增多,因此有更强的拟合能力,如高斯过程拟合、随机森林拟合和深度神经网络拟合等。非参数模型拟合的基本原理与式(6-3)和式(6-4)是相同的。6.2.3 节将详细介绍最典型的高斯过程回归模型。

3)获得函数设计

获得函数设计是为了指导对目标函数的观测以获得最大的信息。常用的获得函数设计方法包括期望提升、知识梯度、熵搜索和预测熵搜索等方法。本节着重介绍与本书密切相关的期望提升方法(expected improvement)。

期望提升方法是指利用观测能够带来提升的期望值来衡量一个 x 被观测的价值。具体而言,由于问题的目标是寻找最优值,这里的提升是指对最优值估计的提升。假设已经观测了 n 个函数值,则当前对最优值的估计为

$$f_n^* = \max_{m \leqslant n} f(x_m) \tag{6-5}$$

如果下一个观测点是 x,则对最优值的估计的提升为 $[f(x) - f_n^*]^+$,其中 $a^+ = \max(a, 0)$。由于在真正观测前,无法知道 $f(x)$ 的值,因此,采用

对最优值估计提升的期望,即

$$\mathrm{EI}_n(x) \stackrel{\mathrm{def}}{=} E_n\left[[f(x) - f_n^*]^+\right] \quad (6\text{-}6)$$

这里的期望 $E_n[\cdot]$ 是指在当前 n 个观测点的基础上的条件期望,即 $E[\cdot|x_{1:n}, y_{1:n}]$,其中 $y_m = f(x_m)$ 表示观测值。在这个情况下,下一个观测点选取为期望提升最高的点,即

$$x_{n+1} = \arg\max \mathrm{EI}_n(x) \quad (6\text{-}7)$$

6.2.3 高斯过程回归

本节介绍贝叶斯优化方法中十分典型的目标函数建模方法——高斯过程回归(Gaussian process regression,GPR)。

1)高斯过程

高斯过程(Gaussian process,GP)是指一组随机变量中任意有限个随机变量符合联合高斯分布。一个高斯过程完全由其均值函数和方差函数决定,均值函数 $m(x)$ 和方差函数 $k(x,x')$ 的定义如下:

$$m(x) = E[f(x)] \quad (6\text{-}8)$$

$$k(x,x') = E\left\{[f(x) - m(x)][f(x') - m(x')]\right\} \quad (6\text{-}9)$$

其中,x 和 x' 代表函数的任意两个取值。一个高斯过程可以表示为

$$f(x) \sim \mathcal{GP}\left[m(x), k(x,x')\right] \quad (6\text{-}10)$$

详细而言,式(6-10)有如下含义:

(1)对于任意一个 x,函数 $f(x)$ 的取值概率符合高斯分布;

(2)对于任意两个 x 和 x',函数 $f(x)$ 和函数 $f(x')$ 的取值符合联合高斯分布;

(3)对于任意两组变量,其函数取值集合符合联合高斯分布。

2)高斯过程回归

假设已观测到在数据点 $X_N = \{x_n \in \mathbb{X}\}_{n=1}^N$ 的函数值 $f(X_N)$,需要预测在数据点 $X_{N^*} = \{x_{n^*} \in \mathbb{X}\}_{n^*=1}^{N^*}$ 的函数值 $f(X_{N^*})$。假设高斯过程

的均值函数均为 0，则由高斯过程的定义可知：

$$\begin{bmatrix} f(X_N) \\ f(X_{N^*}) \end{bmatrix} \sim \mathcal{N}\left(0, \begin{bmatrix} K(X_N, X_N) & K(X_N, X_{N^*}) \\ K(X_{N^*}, X_N) & K(X_{N^*}, X_{N^*}) \end{bmatrix}\right) \tag{6-11}$$

其中，$K(X_N, X_{N^*})$ 表示相对应的方差矩阵。根据贝叶斯方程可以得到对 $f(X_{N^*})$ 的后验概率估计为[132]

$$f(X_{N^*})|f(X_N) \sim \mathcal{GP}\left[\bar{f}_{X_N}(X_{N^*}), \sigma^2_{P,X_N}(X_{N^*})\right] \tag{6-12}$$

其中，有

$$\tilde{f}_{X_N}(X_{N^*}) = K(X_{N^*}, X_N)K(X_N, X_N)^{-1}f(X_N) \tag{6-13}$$

$$\sigma^2_{P,X_N}(X_{N^*}) = K(X_{N^*}, X_{N^*}) - K(X_{N^*}, X_N)K(X_N, X_N)^{-1}K(X_N, X_{N^*})$$

式（6-13）中估计的均值函数 $\tilde{f}_{X_N}(X_{N^*})$ 即对 $f(X_{N^*})$ 的预测，方差函数 $\sigma^2_{P,X_N}(X_{N^*})$ 反映了对预测的信心。

3）方差函数设计

方差函数 $k(x, x')$ 是高斯过程回归方法的重要元素。方差函数的设计需要充分考虑问题的先验信息，以提升高斯过程回归的效果。方差函数通常分为两类：平稳（stationary）方差函数和非平稳（non-stationary）方差函数。

平稳方差函数是指方差函数仅是自变量 $r = x - x'$ 的函数，而与 x 在输入空间的位置无关。常用的平稳方差函数有平方指数（squared exponential，SE）方差函数和 Matern 类方差函数。平方指数方差函数的定义为

$$k_{\text{SE}}(r) = \exp\left(-\frac{r^2}{2l^2}\right) \tag{6-14}$$

其中，l 表示方差函数中特征长度，是方差函数的超参数。平方指数方差函数可以无穷次微分，具有极强的光滑性假设。虽然这种光滑性假设过于理想，但是由于其强大的适用能力，平方指数方差函数得到了广泛应用。另一类常用的方差函数是 Matern 类方差函数，其定义为

$$K_{\text{Matern}}(r) = \frac{2^{1-v}}{\Gamma(v)}\left(\frac{\sqrt{2v}r}{l}\right)^v K_v\left(\frac{\sqrt{2v}r}{l}\right) \tag{6-15}$$

其中，v 和 l 为函数的超参数，K_v 是修正贝塞尔函数。当超参数 v 取不同数值时，Matern 方差函数具有不同阶次的可微性；当超参数 $v \to \infty$ 时，Matern 方差函数和平方指数方差函数是等价的，具有无穷高阶可微性。

平稳方差函数假设函数之间的相关性仅取决于输入之间的距离，与输入的位置无关，这个假设在具体问题中可能是不成立的。为了解决这个问题，研究人员提出了非平稳方差函数。常用的构造非平稳方差函数的方法包括点乘方差函数[132]、基于翘曲的方差函数[133-134]和基于分类的方差函数[135]。点乘方差函数的定义为

$$k(x, x') = (x \cdot x')^p \tag{6-16}$$

基于翘曲的方差函数的基本思想是对输入空间进行一个映射或翘曲（Wraping），然后对翘曲后的空间计算平稳方差函数，则对于原始的输入空间，方差函数是非平稳的。典型的翘曲函数有贝塔分布的累积分布函数[133]，即

$$w_d(x) = \int_0^{x_d} \frac{x_d^{\alpha-1}(1-x_d)^{\beta-1}}{B(\alpha, \beta)} \mathrm{d}x_d \tag{6-17}$$

其中，α 和 β 是翘曲参数，B 函数表示贝塔函数。

基于分类的方差函数是构建非平稳方差函数的重要方法。其基本思想是将输入空间进行划分，然后在划分后的空间上分别采用平稳方差函数，此操作等效于在整个输入空间中构建非平稳方差函数。例如，基于决策树的高斯回归模型（treed GP model）[135]，采用决策树将输入空间进行划分，该方法得到了广泛应用。

6.3　自适应测试场景库生成方法

在贝叶斯优化理论的基础上，本节提出自适应测试场景库生成方法。首先，将自适应场景库生成问题建模成贝叶斯优化问题，并将差异函数（dissimilarity function）定义为未知函数 $f(x)$。其次，基于贝叶斯优化方法提出场景库的自适应生成算法框架，阐述自适应生成方法的基本思想。最后，针对自适应生成算法框架，提出具体的方法机理，包括初始化测试方法、基于分类的高斯过程回归方法和基于期望提升的获得函数设计方法。

6.3.1 基于贝叶斯优化理论的问题建模

本节基于贝叶斯优化理论对场景库自适应生成问题建模。场景库自适应生成问题本质是对差异函数（dissimilarity function）的衡量和消除，根据定理 2.2，当代理模型与自动驾驶汽车之间的差异函数取值为 0 时，场景库达到最优。后文分别对未知函数和目标函数建模，并讨论其与经典贝叶斯优化问题的异同。

1）未知函数建模

场景库的差异函数定义为

$$f(x) = P(A|x) - P(S|x), x \in \mathbb{X} \tag{6-18}$$

其中，A 表示被测试自动驾驶汽车发生兴趣事件，S 表示代理模型发生兴趣事件。

可以利用差异函数定义差异场景。对于确定性的自动驾驶汽车模型和代理模型，有以下关系：

$$f(x) = \begin{cases} 1, & \text{欠权重场景} \\ -1, & \text{过权重场景} \end{cases} \tag{6-19}$$

对于随机性模型，则有 $f(x) \in [-1, 1]$。为了理论的简洁性，本书均假设自动驾驶汽车模型和代理模型为确定性，对于随机性模型则需要更复杂的推导和证明。

如果可以估计差异函数为 $\tilde{f}(x)$，则可以更新代理模型为

$$P(S'|x) = P(S|x) + \tilde{f}(x), x \in \mathbb{X} \tag{6-20}$$

其中，S' 表示更新后的代理模型发生兴趣事件。得到新的代理模型之后，则可以根据第 3 章提出的场景库生成方法，生成新的场景库。通过预测试之后，代理模型自适应于被测试自动驾驶汽车，其生成的场景库也自适应于被测试自动驾驶汽车的需求，即场景库自适应生成。

由于差异函数可以通过测试结果观测，因此可以定义差异函数为贝叶斯优化中的未知函数 $f(x)$。然而，与经典贝叶斯优化问题不同的是，场景库自适应生成中的目标函数和可观测函数不同，下面详细介绍目标函数的建模过程。

2）目标函数建模

由式（2-22）可知，场景库生成的最终目标是降低智能测试过程中的方差。由定理 2.2 可知，智能测试过程中的方法与重要性函数（场景库）有关，即可得场景库生成的目标函数为

$$\min_{q} \sigma^2(q) \tag{6-21}$$

其中，q 表示由场景库和采样策略共同决定的重要性函数（式（2-18））。进一步地，考虑到场景库生成与代理模型的关系，定义映射 $h: \tilde{f} \to \sigma^2$，因此场景库生成的目标函数可以表示为

$$\min_{\tilde{f}} h(\tilde{f}) \tag{6-22}$$

3）问题特性分析

根据上述建模分析，可以得到场景库自适应生成问题的两个特性：

（1）未知函数 $f(x)$ 可观测，观测的成本是昂贵的。对自动驾驶汽车在场景 x 的一次测试，即可得到一次测试结果 $I_A(x)$，有

$$I_A(x) = \begin{cases} 1, & \text{事件 } A \text{ 发生} \\ 0, & \text{事件 } A \text{ 未发生} \end{cases} \tag{6-23}$$

对于确定性自动驾驶汽车，则有 $P(A|x) = I_A(x)$；对于随机性模型，可以采用 $I_A(x)$ 作为对 $P(A|x)$ 的一次估计。根据式（6-18）即可得到对未知函数 $f(x)$ 的一次无噪观测（确定性模型）或有噪观测（随机性模型）。

（2）场景库生成问题中，目标函数和可观测函数（未知函数 $f(x)$）不同。由于方差 σ^2 取决于所有场景下的 $P(A|x)$，无法根据测试结果求解或观测，而场景库的最终目标是减小方差 σ^2，因此在场景库生成问题中，目标函数和可观测函数不同，这一点是和经典的贝叶斯优化问题不同的。为了解决这个特性，在本章提出的方法中需要设计新的获得函数以表征对目标函数的估计。

6.3.2 基于贝叶斯优化方法的算法框架

本节基于贝叶斯优化方法提出场景库自适应生成的算法框架。根据算法 1 提供的贝叶斯优化算法基本框架，提出场景库自适应生成的

算法框架（算法 2）。6.3.3 节将针对算法框架中的步骤逐一解答，包括初始化观测方法、差异函数估计、代理模型和场景库更新，以及获得函数设计和应用等。为了达到预定的测试精度，如果步骤 1 ~ 步骤 3 中所需的测试次数总和小于直接运用线下生成场景库进行测试的次数，则称新提出的自适应场景库生成方法提高了测试效率，具有高效性。

算法 2： 自适应场景库生成算法框架

1 步骤 1：对差异函数 f 进行初始化观测；
2 步骤 2：**while** 观测次数小于观测预算，即 $n < N$ **do**
3 　步骤 2.1：基于观测数据估计差异函数 $f(x), \forall x \in \mathbb{X}$；
4 　步骤 2.2：基于对差异函数的估计更新代理模型和场景库；
5 　步骤 2.3：计算获得函数，选取下一轮测试场景 x_n；
6 　步骤 2.4：测试自动驾驶汽车在场景 x_n 的表现得到 $f(x_n)$；
7 **end**
8 步骤 3：输出自适应改进后的场景库，并进行自动驾驶汽车的正式测试。

图 6.2 表示自适应场景库生成方法及其构成的智能测试框架图。相较于图 3.2，自适应场景库智能测试框架增加了场景自适应调整的部分，即图中红色部分。线下生成的场景库被作为基准，通过算法 2 提供的基本方法，改进场景库以生成更具针对性且效率更高的场景库。在步骤 3 中，自动驾驶汽车的测试部分同前文所述的智能测试方法一致。

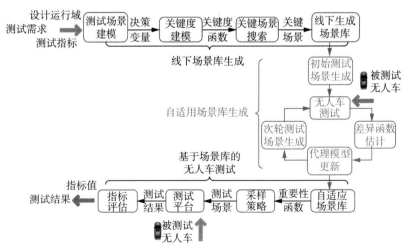

图 6.2　自适应场景库生成方法示意及智能测试框架图（前附彩图）

6.3.3 自适应测试场景库生成方法

本节逐一解答算法 2 提出的问题,提出自适应测试场景库生成的方法机理,包括初始化观测方法、差异函数估计、代理模型和场景库更新、获得函数设计和应用等方法。

1)初始测试场景生成方法

对差异函数初始化观测的目标是获得差异函数的近似轮廓。通过选取自动驾驶汽车的初始化测试场景,可以实现对差异函数的初始化观测。对于典型的贝叶斯优化问题,初始化观测位置通常是均匀采样的。然而,对于场景库自适应生成问题,可以利用先验知识指导初始化观测,以更好地得到差异函数的整体轮廓。

根据先验知识,差异函数定义了两类差异场景:过权重场景和欠权重场景。其中,过权重场景主要可能分布在场景库中,因为该部分场景的已有权重较高,更可能由于代理模型的差异性产生过权重场景;而欠权重场景则主要可能分布在场景库之外,因为该部分场景的已有权重较低。如果能够在初始化观测中对两类差异场景的轮廓有较好的估计,则对差异函数的轮廓即有较好的估计。

对过权重场景轮廓的估计可以根据线下生成的场景库权重采样。在没有更多先验知识的条件下,已有权重越大的场景成为过权重场景的可能性越高,成为过权重场景之后产生的"浪费"越多,因此基于已有权重对场景库进行采样,是估计过权重场景轮廓的可行方法。

对欠权重场景轮廓的估计则只能在场景库外均匀采样。根据"没有免费的午餐定理"[136],在对欠权重场景分布没有新的知识的情况下,任何一种采样方法的效果不会优于随机采样。因此,在初始化观测阶段,采用均匀采样的方法去估计欠权重场景轮廓。

最终,为了平衡对过权重场景和欠权重场景采样的均衡性,初始化测试场景的采样策略如下所示:

$$P(x_0) = \begin{cases} \dfrac{(1-\gamma)V(x_0)}{W}, & x_0 \in \Phi \\ \dfrac{\gamma}{N(\mathbb{X}) - N(\Phi)}, & x_0 \notin \Phi \end{cases} \quad (6\text{-}24)$$

其中,x_0 表示自动驾驶汽车的初始测试场景,$V(x_0)$ 表示其测试关键度,

第 6 章 自适应测试场景库生成方法研究与应用

γ 是权重系数,用来平衡两类差异场景采样,如 $\gamma = 0.5$。

2) 差异函数估计

基于贝叶斯优化理论,假设差异函数符合高斯过程,即

$$f(x) \sim \mathcal{GP}[m(x), k(x, x')] \tag{6-25}$$

考虑到代理模型刻画了自动驾驶汽车的共同特征,在没有更多先验信息时,设定高斯过程的均值函数为零函数,即

$$m(x) = 0, \forall x \in \mathbb{X} \tag{6-26}$$

对于方差函数,考虑到自动驾驶汽车性能的非平稳性,如在不同的场景位置自动驾驶汽车性能的变化程度不同,差异函数可能存在非平稳性。为了刻画这种非平稳性,采用基于分类的方差函数。

本章采用高斯过程分类(Gaussian process classification)方法对输入空间分类,实现基于分类的非平稳方差函数构建。高斯过程分类的基本原理与高斯过程回归是相似的,不同于高斯过程回归中直接对未知函数进行概率估计,高斯过程分类是设计一个中间函数 $g(x)$,计算其后验概率分布,并通过逻辑斯蒂函数(logistic function)将 $g(x)$ 映射到 $[0, 1]$,作为分类的概率估计。通过预先设置一个概率阈值,即可预测未观测场景的类别。

在自适应场景库生成方法中,场景被分为两类:差异场景和相似场景(similar scenarios)。根据差异函数的取值定义场景类别如下:

$$y(x) = \begin{cases} +1, & f(x) \neq 0 \\ -1, & f(x) = 0 \end{cases} \tag{6-27}$$

其中,$y(x)$ 表示场景类别,+1 表示场景为差异场景,-1 表示场景为相似场景。当自动驾驶汽车已经在场景集 X_N 完成测试后,根据其测试结果 $f(X_N)$ 可以得到该场景集所属类别为 $y(X_N)$。采用 X_{N_1} 表示其中的差异场景,X_{N_2} 表示其中的相似场景,则有 $N_1 + N_2 = N$。高斯回归分类的目标是对未观测场景 X_{N^*} 的场景类别进行预测。根据高斯过程原理,可以预测得到未观测场景的类别概率为 $p[y(x)|y(X_N)], x \in X_{N^*}$,假设分类阈值为 P_{th},则可以将未观测场景分为两类。

通过高斯回归过程，将场景分为了两类：差异场景和相似场景。两类场景中均包含观测数据和未观测数据，分别在两类数据中采用高斯过程回归，则可以对未观测数据进行预测，即

$$\bar{f}_{X_N}(x) \sim \begin{cases} \mathcal{N}\left[\tilde{f}_{X_{N_1}}(x), \sigma^2_{P,X_{N_1}}(x)\right], & p\left[y(x) = +1|y(X_N)\right] < P_{\text{th}} \\ \mathcal{N}\left[\tilde{f}_{X_{N_2}}(x), \sigma^2_{P,X_{N_2}}(x)\right], & p\left[y(x) = -1|y(X_N)\right] \geqslant P_{\text{th}} \end{cases} \tag{6-28}$$

其中，X_N 表示已观测场景，$x \in X_{N^*}$ 表示未观测场景，$\mathcal{N}[\tilde{f}_{X_{N_1}}(x), \sigma^2_{P,X_{N_1}}(x)]$ 表示在差异场景类别中高斯过程回归的后验概率结果（式（6-13）），$\mathcal{N}[\tilde{f}_{X_{N_2}}(x), \sigma^2_{P,X_{N_2}}(x)]$ 则表示在相似场景类别中高斯过程回归的后验概率结果。

3）代理模型和场景库更新

基于对差异函数的预测值 $\bar{f}_{X_N}(x)$，代理模型和场景库可以得到更新。如式（6-18）所示，最直接的更新代理模型的方法是将所估计的差异函数叠加上去，即

$$P(S_{X_N}|x) = P(S_0|x) + \bar{f}_{X_N}(x) \tag{6-29}$$

其中，S_0 表示线下生成的代理模型发生兴趣事件，S_{X_N} 表示基于场景 X_N 观测值之后更新的代理模型发生兴趣事件。该方法的优点是计算复杂度低，可以将此方法更新的代理模型应用于获得函数，以指导下一轮的测试场景选取过程。

基于更新后的代理模型，可以按照关键度定义重新生成场景库。然而，由于概率阈值 P_{th} 的引入，式（6-28）对差异函数的预测中被引入偏差，这种偏差在场景库的生成过程中加权上曝光频率后，可能被进一步扩大。为了消除这种偏差的影响，在生成场景库中采用基于期望的代理模型。此外，为了保证关键场景的稀疏性，以符合对自动驾驶汽车的先验知识，定义集合 $x \in \mathbb{U}$：

$$\mathbb{U} = \{P(S_0|x) = 0, P(S_{X_N}|x) = 0\} \tag{6-30}$$

使得基于期望的代理模型在集合 $\mathbb{U}$ 中发生兴趣事件的概率保持为 0。而对于集合 $\mathbb{U}$ 之外的场景，用以生成场景库的代理模型计算为

$$P_E(S_{X_N}|x) = P(S_0|x) + p\left[y(x) = +1|y(X_N)\right] \cdot \tilde{f}_{X_{N_1}}(x) +$$

$$p[y(x) = -1|y(X_N)] \cdot \tilde{f}_{X_{N_2}}(x), x \in \mathbb{X}/\mathbb{U} \tag{6-31}$$

其中，$\tilde{f}_{X_{N_1}}(x)$ 和 $\tilde{f}_{X_{N_2}}(x)$ 分别表示在场景 X_{N_1} 和 X_{N_2} 观测值下的高斯过程回归对 $f(x)$ 的预测值。集合 $\mathbb{U}$ 的引入保证了关键场景的稀疏性，对于先验信息 $P(S_0|x)$ 和后验信息 $P(S_{X_N}|x)$ 均表示为非关键场景的场景，则将其预测为非关键信息是合理的。而如果采用式（6-31）对集合 $\mathbb{U}$ 进行预测，则由于期望值的引入，可能会得到接近于 0 但非 0 的预测值，在加权上曝光频率之后而被误预测为关键场景，破坏了关键场景的稀疏性，引入了新的偏差。因此，仅在集合 $\mathbb{U}$ 之外采用期望式（6-31）对代理模型进行更新。

4）获得函数设计与应用

获得函数设计的目标是决策下一轮自动驾驶汽车测试的场景。如前所述，场景库自适应问题中目标函数是不可观测的，因此传统的贝叶斯优化的获得函数不能使用。为了解决这个问题，基于期望提升的方法设计一个新的获得函数，同时考虑了高斯过程分类的不确定性和高斯过程回归的方差。

根据定理 2.2 中的方差公式，在已知场景观测值为 X_N 的条件下，定义任意场景的方差贡献度为

$$\mathrm{PI}_{X_N}(x) \stackrel{\mathrm{def}}{=\!=} \frac{[P(S_{X_N}|x)P(x)]^2}{q_{X_N}(x)} \tag{6-32}$$

其中，$q_{X_N}(x)$ 表示在场景观测值为 X_N 下生成的重要性函数。$\mathrm{PI}_{X_N}(x)$ 的意义是指，对场景 x 的测试能够使测试方差下降的最大值。考虑到 $P(S_{X_N}|x)$ 由式（6-29）得出，符合与式（6-28）相同的高斯分布，于是定义方差贡献度的期望值为

$$\mathrm{EPI}_{X_N}(x) \stackrel{\mathrm{def}}{=\!=} E\left\{\frac{[P(S_{X_N}|x)P(x)]^2}{q_{X_N}(x)}\right\} \tag{6-33}$$

以 $\mathrm{PI}_{X_N}(x)$ 作为目标函数的提升，则 $\mathrm{EPI}_{X_N}(x)$ 即目标函数期望的提升值。定理 6.1 给出了 $\mathrm{EPI}_{X_N}(x)$ 的解析形式。

定理 6.1 可以推导出 $\mathrm{EPI}_{X_N}(x)$ 的解析形式为

$$\mathrm{EPI}_{X_N}(x) = \frac{P^2(x)}{q_{X_N}(x)}\left\{\left[P(S_0|x) + \tilde{f}_{X_{N_i}}\right]^2 + \sigma_{P,X_{N_i}}^2\right\} \tag{6-34}$$

其中，当 $p[y(x)=+1|y(X_N)>P_{\text{th}}]$ 时，有 $i=1$；当 $p[y(x)=+1|y(X_N)]\leqslant P_{\text{th}}$ 时，有 $i=2$。

证明 为了证明上述定理，首先介绍 Γ 函数：

$$\Gamma(z)=\int_0^\infty x^{z-1}\mathrm{e}^{-x}\mathrm{d}x \tag{6-35}$$

并且有 $\Gamma\left(\dfrac{1}{2}\right)=\pi$，$\Gamma(z)=\dfrac{\Gamma(z+1)}{z}$。将式（6-28）和式（6-29）代入，将高斯分布的期望展开，将平方项拆分，则可以将 $\text{EPI}_{X_N}(x)$ 拆分成若干个子项的和，每一个子项可以采用 Γ 函数进行求解，定理即可得证。考虑到推导过程的烦琐性，为了本书的简洁性，这里不再展开推导过程。

定义 $\text{EPI}_{X_N}(x)$ 中尚没有考虑分类的不确定性。为了更好地将分类的不确定性考虑在内，将高斯过程分类的不确定性 σ^2_{C,X_N} 纳入获得函数：

$$I_{X_N}(x)=w\frac{\text{EPI}_{X_N}(x)}{U_E}+\frac{\sigma^2_{C,X_N}(x)}{U_C},x\in\mathbb{X}/\mathbb{U} \tag{6-36}$$

其中，$U_E=\max_x \text{EPI}_{X_N}(x)$ 和 $U_C=\max_x \sigma^2_{C,X_N}(x)$ 是相对应的正则常数，以让不同意义的指标有可比性；w 是权重系数，以调节不同指标之间的影响；σ^2_{C,X_N} 则是在高斯过程回归中计算的方差；$\mathbb{X}/\mathbb{U}$ 是指属于集合 $\mathbb{X}$ 但同时不属于集合 $\mathbb{U}$，这里考虑到式（6-30）定义的非关键场景集合搜索的价值不高。

最后，为了平衡探索和利用之间的关系，设计一定的概率 β 在非关键场景集合 $\mathbb{U}$ 中均匀搜索，最终得到测试场景的决策方程为

$$x_{N+1}=\begin{cases}\max\limits_{x\notin X_N} I_{X_N}(x),x\in\mathbb{X}/\mathbb{U}, & \text{以概率 } 1-\beta \\ \text{随机采样 } x\in\mathbb{U}, & \text{以概率 } \beta\end{cases} \tag{6-37}$$

6.4 自适应测试场景库生成典型应用

本节将提出的自适应测试场景库生成方法应用至典型案例。类似于第 3 章的研究，本研究关注场景的自适应方法，排除场景复杂度所带来的影响。因此，本节采用了第 3 章的低复杂度典型场景作为应用，即切

车场景和下道场景,场景详情见图 3.5。实验结果验证了本章所提方法的准确性和高效性。

6.4.1 典型场景分析与建模

切车场景和下道场景的描述与建模同第 3 章的案例研究。需要指出的是,为了使实验对比更加清晰,本书在典型应用中改变了第 3 章采用的代理模型和自动驾驶汽车模型,以使差异函数更加显著,由此自适应算法才有应用的必要性。对于差异函数不够显著的场景,根据定理 2.2,智能测试所需的测试次数已经得到有效减少,而自适应方法需要额外的测试次数以对自动驾驶汽车进行"预测试",效率提升的空间有限。

6.4.2 切车场景条件下自适应场景库生成

本节将自适应场景库生成方法应用至如图 3.5 所示的切车场景中。作为比较,应用道路测试方法和如图 3.2 所示智能测试方法,实验结果验证了自适应方法的高效性。下面分别阐述代理模型构建、"线下"场景库生成、自适应场景库生成和自动驾驶汽车测试部分。

1)代理模型构建

本研究采用人类驾驶员模型——全速度差模型(full velocity difference model)[101]作为自动驾驶汽车在切车时刻发生后跟驰动作的代理模型。具体有:

$$u(k+1) = C_0 \left[V_1 + V_2 \tanh\left(C_1(R(k) - L) - C_2\right) - \dot{R}(k) \right] \quad (6\text{-}38)$$

其中,$u(k+1)$ 表示自动驾驶汽车在 $k+1$ 时刻的加速度,C_0、V_1、V_2、C_1、C_2 均是常数。为了让模型更真实并能有效模拟交通事故行为[102],将速度和加速度和约束引入模型:

$$v_{\min} \leqslant v \leqslant v_{\max}, a_{\min} \leqslant u \leqslant a_{\max} \quad (6\text{-}39)$$

代理模型中的参数取值见表 6.1。图 6.3 显示了所选取的代理模型在切车场景中的表现,其中黄色区域表示代理模型在其中的场景会发生交通事故。

表 6.1　自适应切车场景案例研究中的参数取值

参数	取值	参数	取值
C_0	0.85	V_1	6.75
V_2	7.91	C_1	0.13
L	5	C_2	1.57
$v_{\min}$	2 m/s	$v_{\max}$	40 m/s
$a_{\min}$	$-4\mathrm{m}^2/\mathrm{s}$	$a_{\max}$	2
P_{th}	0.7	w	0.5
γ	0.5	β	0.1

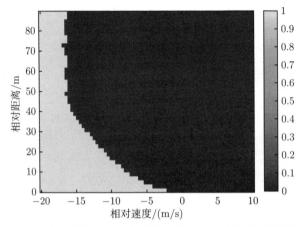

图 6.3　全速度差模型在切车场景中的安全性能表现（前附彩图）

黄色区域表示代理模型在其中的场景会发生交通事故

2）线下场景库生成

通过第 3 章提出的方法生成线下场景库。由于代理模型的改变，所生成的场景库与第 3 章不同。采用同样的关键场景阈值、变量离散标准和变量取值边界，可以生成线下场景库。场景库如图 6.4 所示，图中的颜色表示正则化后的测试关键度。本案例选取了 342 个关键场景构建场景库，约占总场景的 10%。

3）自适应场景库生成

采用自适应场景库生成方法，通过对自动驾驶汽车的"预测试"改进场景库。本案例中测试与第 3 章切车场景中相同的自动驾驶汽车模型。根据算法 2，分别预定初始采样（步骤 1）和自适应采样（步骤 2）中的测

第 6 章 自适应测试场景库生成方法研究与应用

试次数为 50 次。仿真实验平台选用 MATLAB 2018,并选用 MATLAB 工具箱实现高斯过程回归和高斯过程分类算法[132],采用自动相关确定的平方指数函数作为高斯过程的方差函数:

$$k(x,x') = \sigma_f^2 \exp\left[-\frac{1}{2}\int_{d=1}^{D}\left(\frac{x_d - x'_d}{\lambda_d}\right)^2\right] \quad (6\text{-}40)$$

其中,D 表示场景 x 的维度;σ_f^2 和 λ_d 是模型超参数,采用最大似然方法确定[132]。由于 λ_d 决定了输入空间中的相关特性,该方差函数又称为"自动相关确定"(automatic relevancy determination)。

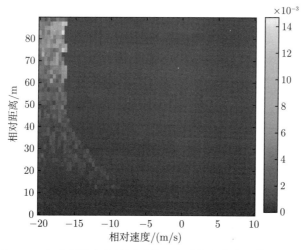

图 6.4　切车场景安全性测试线下生成的场景库(前附彩图)

图 6.5 表示初始采样结果,黑色表示差异场景,橙色表示相似场景。由图可见,本章提出的初始化采样结果能够较好地采样到差异场景和相似场景,为差异函数提供一个较好的轮廓。基于此初始结果,运行高斯过程分类和回归过程,更新代理模型和场景库,并计算获得函数决策下一轮的测试场景。

图 6.6 表示自适应测试过程中的结果。左侧为自适应测试第 5 轮的结果,即在"预测试"之后获得第 5 个测试场景时的结果;右侧为自适应测试第 50 轮的结果。图 6.6(a)~(b)表示更新的代理模型,与图 6.3 相比,代理模型得到了显著的改变。图 6.6(c)~(d)表示更新后的

模型误差,可以看出自适应测试场景的增多有效削减了代理模型与自动驾驶汽车之间的模型误差。图 6.6(e)~(f) 表示获得函数,可以看出,获得函数有效地衡量了分类不确定性和回归方差,能够指导下一轮测试。图 6.7 表示经过 50 个自适应测试场景之后生成的场景库。与图 6.4 相比,场景库得到了显著的改进。

4) 自动驾驶汽车测试

作为比较,应用道路测试和基于线下生成场景库的智能测试。图 6.8 表示测试的结果。其中,图 6.8(a)~(b) 表示道路测试的事故率的收敛结果和相对半宽结果;图 6.8(c)~(d) 表示智能测试的事故率的收敛结果和相对半宽结果,其中蓝线表示基于线下场景库的智能测试结果,红线表示基于自适应场景库的智能测试结果。值得注意的是,在考虑测试效率时,基于自适应场景库的智能测试结果还需要考虑"预测试"中额外的 50 次场景测试过程。由以上结果可以看出,自适应场景库智能测试能够得到和道路测试、基于线下场景库智能测试相同的事故率估计结果,然而,即使考虑到自适应场景库"预测试"的测试过程,基于自适应场景库的智能测试过程也取得了更高的测试效率,以 0.2 的相对半宽为例,道路测试、线下场景库测试、自适应场景库测试所需的总测试次数分别为 1.9×10^5、2090 和 121,自适应场景库测试在线下场景库测试的基础上,再次将测试速度提升了 17 倍。

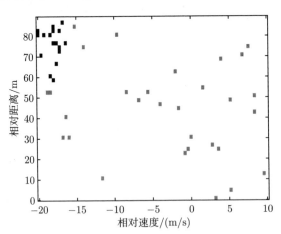

图 6.5　切车场景自适应场景库生成的初始采样结果(前附彩图)

黑色表示差异场景,橙色表示相似场景

第 6 章 自适应测试场景库生成方法研究与应用

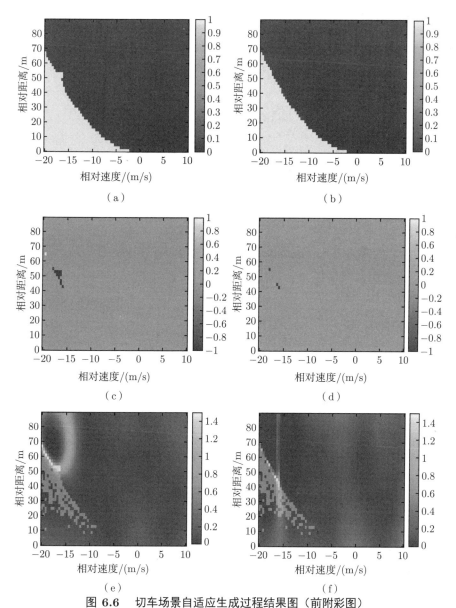

图 6.6 切车场景自适应生成过程结果图（前附彩图）

（a）第 5 轮：代理模型；（b）第 50 轮：代理模型；（c）第 5 轮：模型误差；（d）第 50 轮：模型误差；（e）第 5 轮：获得函数；（f）第 50 轮：获得函数

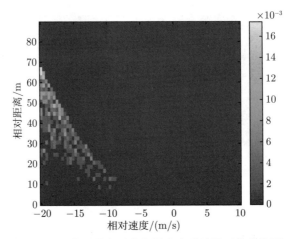

图 6.7 切车场景自适应场景库生成结果（前附彩图）

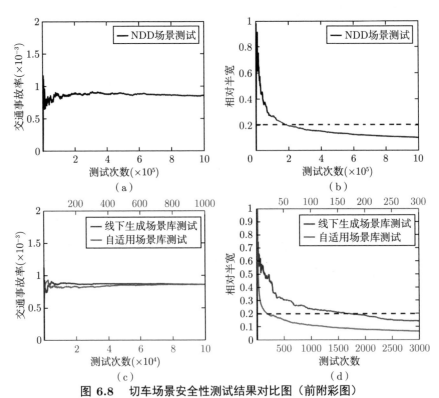

图 6.8 切车场景安全性测试结果对比图（前附彩图）
(a) 道路测试收敛结果；(b) 道路测试相对半宽结果；(c) 智能测试收敛结果对比；(d) 智能测试相对半宽对比

图 6.9 表示在不同的相对半宽下两种智能测试方法所需的总测试次数。由图可见，随着相对半宽的减小（测试精度要求的提升），自适应场景库所需的测试次数相较于线下场景库测试具有越来越明显的优势，测试效率最高提升至 100 倍。

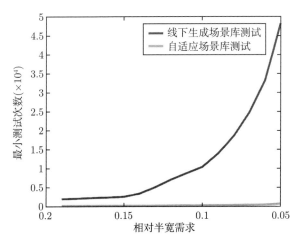

图 6.9 切车场景不同相对半宽所需要的最小测试次数

6.4.3 下道场景条件下自适应场景库生成

本节将自适应场景库生成方法应用至如图 3.5 所示的下道场景中，以验证所提出的自适应场景生成方法对不同测试指标的适用性。本研究中，线下场景库生成的部分均与第 3 章的下道场景相同。类似 6.4.2 节的设置，为了凸显代理模型和自动驾驶汽车之间的差异性，本研究将第 3 章中的自动驾驶汽车模型换道安全阈值设置得更小，使自动驾驶汽车任务完成率更高。下面分别阐述线下场景库生成、自适应场景库生成和自动驾驶汽车测试部分。

1）线下场景库生成

本案例中辅助函数设计、自然驾驶数据分析和代理模型均与第 3 章方法相同，此处不再赘述。根据第 3 章所提的方法，可以生成下道场景的线下场景库，共计 1895 个场景，占总场景空间的 0.12%。

2）自适应场景库生成

为了凸显代理模型和自动驾驶汽车之间的差异性，更好地检验自适应场景库生成方法的效果,本研究改进第 3 章测试的自动驾驶汽车模型[105]。具体而言,将模型中的最小安全距离 d_s 由 1 m 改变至 0.1 m,大幅提升了自动驾驶汽车完成任务的概率,将自动驾驶汽车任务失败率从 10^{-3} 量级降至 10^{-4} 量级。考虑到下道场景的复杂性,设定自动驾驶汽车的"预测试"次数为 600 次,包括初始测试 300 次(算法 2 步骤 1)和自适应测试 300 次(算法 2 步骤 2),并采用了与切车场景同样的工具箱和实验平台。

3)自动驾驶汽车测试

与切车场景案例研究相同,分别应用道路测试、基于线下场景库的智能测试和基于自适应场景库的智能测试。图 6.10 表示测试的结果,其中图形的标注同图 6.8。类似于切车场景中的结果,在下道场景中,基于自适应场景库的智能测试方法能够得到相同的任务失败率的估计。而对于预定的估计精度(相对半宽为 0.2),三种方法所需的测试总数为 9.35×10^5 次、1.58×10^4 次和 1617 次。基于自适应场景库的测试方法能够在线下场景库测试方法的基础上,再加速测试过程 9.7 倍。图 6.11 表示对于不同的相对半宽下两种智能测试方法所需要的总测试次数。由图可见,随着测试精度要求的提升,自适应场景库具有越来越明显的优势。

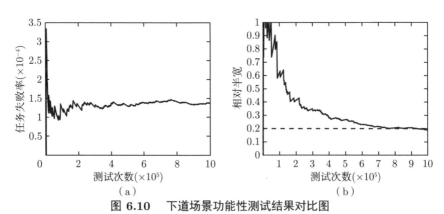

图 6.10 下道场景功能性测试结果对比图

(a) 道路测试收敛结果;(b) 道路测试相对半宽结果;(c) 智能测试收敛结果对比;(d) 智能测试相对半宽对比

第 6 章 自适应测试场景库生成方法研究与应用

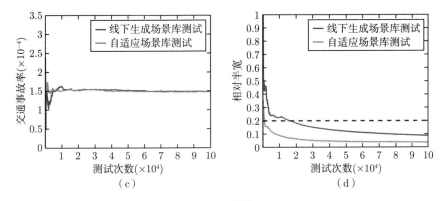

图 6.10（续）

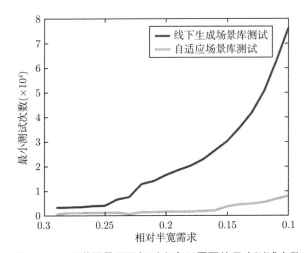

图 6.11 下道场景不同相对半宽所需要的最小测试次数

第 7 章 总结与展望

7.1 工作总结

随着自动驾驶技术的不断发展,测试评价成为自动驾驶汽车从研发到应用的关键。不同于传统汽车,自动驾驶汽车特有的黑箱性和智能性为测试评价带来了重要挑战。面对真实道路测试方法的低效性和危险性,基于仿真平台、封闭测试场和虚实结合平台的多种测试方法得到更广泛的应用,解决这些测试方法所共同面临的测试问题变得十分迫切。首先,本书围绕自动驾驶汽车的测试问题,研究了具有普适意义的测试理论——自动驾驶汽车智能测试理论,总结了智能测试的"四要素",分析了其中蕴含的科学问题,研究了智能测试的一般方法,探索了智能测试的规律定理,为解决自动驾驶汽车的智能测试问题奠定了理论基础。其次,本书在智能测试理论的基础上研究了智能测试场景库的生成方法,分别引入最优化理论、强化学习理论、深度强化学习理论和贝叶斯优化理论,提出低复杂度、中复杂度、高复杂度和自适应的测试场景库生成方法,解决了多种复杂度场景、多项评价指标和多类型自动驾驶汽车的测试问题。最后,本书通过典型应用研究,验证了智能测试相关理论与方法的普适性、准确性和高效性,为自动驾驶汽车智能测试的规模化应用提供理论基础和方法指导。

具体而言,本书的主要三个方面研究工作总结如下:

1)自动驾驶汽车智能测试理论研究

本书围绕自动驾驶汽车的测试问题,针对加速自动驾驶汽车智能测试过程的技术需求,系统研究了智能测试的基础概念、科学问题、研究方法和规律定理,提出了具有普适意义的自动驾驶汽车智能测试理论。首先,本书总结了包括测试场景、测试评价指标、测试场景库和测试方法在内的"四要素",并分析了其中蕴含的科学问题,包括测试场景建模、测试指标设计、测试场景库生成和测试方法研究。其次,在此基础上,本书研究了智能测试的普适性方法,包括测试场景建模方法、测试指标设计方法、测试场景库生成方法和测试方法。测试场景库生成方法中提出了场景测试关键度的新定义,为场景库生成问题的解决提供了基础。最后,本书在重要性采样定理的基础上,论证了智能测试的准确性定理和高效性定理,为测试问题的解决提供了理论依据。自动驾驶汽车智能测试理论为系统解决测试问题提供了普适性的理论基础。

2)自动驾驶汽车智能测试场景库生成方法研究

本书在自动驾驶汽车智能测试理论的基础上,针对智能测试的瓶颈——场景库生成问题,提出了适用于多种复杂度场景、多项评价指标和多类型自动驾驶汽车的场景库生成方法体系。本书遵循从简至繁、自下而上的研究思路。首先针对静态、单一和离散的低复杂度场景,引入最优化理论,研究了低复杂度测试场景库生成方法,有效提高了低复杂度条件下关键测试场景的搜索效率;针对动态、单一和离散的中复杂度场景,引入了强化学习理论,研究了中复杂度场景关键度计算方法和关键场景搜索方法,构建了中复杂度测试场景库生成方法,显著提升了自动驾驶汽车的测试效率;针对动态、多样和连续的高复杂度场景,引入了深度强化学习理论,基于神经网络构建了高复杂度场景库生成方法,有效提高了测试场景的时间精度和空间精度;针对不同类型自动驾驶汽车的测试需求,引入了贝叶斯优化理论,基于初始场景选取、差异函数估计、代理模型更新和获得函数设计等方法,构建了自适应场景库生成方法,有效提升了自动驾驶汽车测试场景库的自适应性。

3)自动驾驶汽车智能测试典型应用研究

本书选择了自动驾驶汽车在自然驾驶环境中高频出现的切车场景、跟驰场景和高速下道场景,分别设计了安全性和功能性等多项测试指标,建模成低复杂度、中复杂度和高复杂度等不同复杂度场景,测试了不同类型自动驾驶汽车,分析了智能测试与道路测试的等效关系,验证了本书所提出的理论与方法的普适性、准确性和高效性。本书解决了案例应用中遇到的具体技术问题,包括辅助目标函数设计、自然驾驶数据分析和代理模型构建等，为自动驾驶汽车智能测试的规模化应用提供理论基础和方法指导。

7.2 主要创新点

本书针对自动驾驶汽车的测试评价问题，提出了自动驾驶汽车智能测试理论，研究了测试问题的基础概念、科学问题、研究方法和规律定理，引入了最优化理论、强化学习理论、深度强化学习理论和贝叶斯优化理论，提出了低复杂度、中复杂度、高复杂度和自适应的测试场景库生成方法体系，有效解决了多种复杂度场景、多项评价指标和多类型自动驾驶汽车的测试问题，并通过典型应用研究验证了理论与方法的普适性、准确性和高效性。本书的研究结果是对自动驾驶汽车测试理论的重要发展，具备一定的探索性和前瞻性。

本书的主要贡献或创新点总结如下：

第一，提出了自动驾驶汽车智能测试理论。本书系统研究了智能测试的基础概念、科学问题、研究方法和规律定理，总结了智能测试的"四要素"，即测试场景建模、测试评价指标设计、测试场景库生成和测试方法研究，为系统解决自动驾驶汽车的智能测试问题提供了普适性的理论基础。其中，场景测试关键度的新定义为场景库生成问题的解决提供了重要理论基础。

第二，提出了自动驾驶汽车测试场景库生成方法体系。本书在智能测试理论基础上，分别引入最优化理论、强化学习理论、深度强化学习理论和贝叶斯优化理论，提出了低复杂度、中复杂度、高复杂度和自适应的测试场景库生成方法体系，显著提升了自动驾驶汽车的测试速度，为多种复杂度场景、多项评价指标和多类型自动驾驶汽车的智能测试问题的解决提供了必备条件。

第三，设计并实现了自动驾驶汽车智能测试典型应用。本书选择了自动驾驶汽车在自然驾驶环境中高频出现的切车场景、跟驰场景和高速下道场景，分别设计了安全性和功能性等典型测试案例，分析了智能测试与道路测试的等效关系，验证了本书所提出的理论与方法的普适性、准确性和高效性，为自动驾驶汽车智能测试的规模化应用提供了理论基础和方法指导。

7.3 研究工作展望

本书对自动驾驶汽车的测试评价问题进行了研究，提出了自动驾驶汽车智能测试理论与场景库生成方法，取得了一系列成果。但是，自动驾驶汽车的测试评价问题是一个综合性研究课题，有大量问题值得进一步研究与探索，这里展望以下三个研究内容：

1）面向测试的代理模型构建方法研究

为了衡量测试场景对自动驾驶汽车的挑战性，本书引入了代理模型的概念，以刻画自动驾驶汽车的共同特性。根据智能测试理论可知，代理模型的差异度是影响测试效果的重要因素。基于自然驾驶数据建立的模型是很好的代理模型，然而当前的自然驾驶模型构建方法主要注重对整体数据的拟合，对小概率数据的拟合效果较差，建立的模型在小概率数据对应的场景中真实性较差。考虑到测试需求，需要研究面向测试的代理模型构建方法，以提高模型在小概率场景中的精度，进而提升模型的整体精度。

2）动态测试场景库生成方法研究

本书的测试场景是在测试自动驾驶汽车前生成采样，当考虑自动驾驶汽车的不确定性时，场景在测试过程中会发生改变，此时如果继续沿用预生成的场景决定背景车辆的动作，则测试的高效性可能会受到影响。更理想的方法是根据场景在测试过程中的状态，动态对后续测试场景进行优化，以实现更有效的测试过程。从场景生成的角度来看，场景库在自动驾驶汽车测试过程中动态生成，即动态测试场景库生成方法。动态生成方法是对自适应生成方法的有效补充，进一步提升场景库对不同类型自动驾驶汽车的测试评价能力。

3）超高复杂度测试场景库生成方法研究

本书解答了低复杂度、中复杂度和高复杂度场景库生成问题，在现实应用中还有一类场景需要建模为超高复杂度场景，即连续测试场景。自动驾驶汽车在微观平台或封闭测试场中连续进行长时间、长距离的测试，如百千米高速公路测试，以最大限度地反映自动驾驶汽车在真实驾驶环境中的性能。此时，测试场景涵盖了大尺度空间和时间，具有超高复杂度。为了解决此时的场景库生成问题，场景的建模方法、自然驾驶数据分析方法和关键场景搜索方法等均需要在高复杂度场景库生成方法的基础上进一步提升。

参 考 文 献

[1] 李克强, 戴一凡, 李升波, 等. 智能网联汽车 (ICV) 技术的发展现状及趋势[J]. 汽车安全与节能学报, 2017, 8(1):1-14.

[2] LI L, LIN Y L, ZHENG N N, et al. Artificial intelligence test: A case study of intelligent vehicles[J]. Artificial Intelligence Review, 2018, 50(3):441-465.

[3] 2017 automated dricing systems: A vision for safety 2.0[R]. Washington D.C.: U.S. Department of Transportation, 2017.

[4] Preparing for the future of transportation: Automated vehicles 3.0[R]. Washington D.C.: U.S. Department of Transportation, 2018.

[5] LI L, WEN D, YAO D. A survey of traffic control with vehicular communications[J]. IEEE Transactions on Intelligent Transportation Systems, 2013, 15(1):425-432.

[6] LI S E, ZHENG Y, LI K, et al. An overview of vehicular platoon control under the four-component framework[C]//2015 IEEE Intelligent Vehicles Symposium (IV). Piscataway: IEEE Press, 2015:286-291.

[7] MAHMASSANI H S. 50th anniversary invited article—autonomous vehicles and connected vehicle systems: Flow and operations considerations[J]. Transportation Science, 2016, 50(4):1140-1162.

[8] TALEBPOUR A, MAHMASSANI H S. Influence of connected and autonomous vehicles on traffic flow stability and throughput[J]. Transportation Research Part C: Emerging Technologies, 2016, 71:143-163.

[9] STÜDLI S, SERON M M, MIDDLETON R H. From vehicular platoons to general networked systems: String stability and related concepts[J]. Annual Reviews in Control, 2017, 44:157-172.

[10] 李力, 王飞跃. 地面交通控制的百年回顾和未来展望[J]. 自动化学报, 2018, 44(4):577-583.

[11] FENG Y, HEAD K L, KHOSHMAGHAM S, et al. A real-time adaptive signal control in a connected vehicle environment[J]. Transportation Research

Part C: Emerging Technologies, 2015, 55:460-473.

[12] YU C, FENG Y, LIU H X, et al. Integrated optimization of traffic signals and vehicle trajectories at isolated urban intersections[J]. Transportation Research Part B: Methodological, 2018, 112:89-112.

[13] LI K, DAI Y, LI S, et al. State-of-the-art and technical trends of intelligent and connected vehicles[J]. Journal of Automotive Auto. Safety & Energy, 2017, 8(1):1-14.

[14] FENG S, ZHANG Y, LI S E, et al. String stability for vehicular platoon control: Definitions and analysis methods[J]. Annual Reviews in Control, 2019.

[15] SUN X, YIN Y. Behaviorally stable vehicle platooning for energy savings[J]. Transportation Research Part C: Emerging Technologies, 2019, 99:37-52.

[16] 赵福全, 刘宗巍. 中国发展智能汽车的战略价值与优劣势分析[J]. 现代经济探讨, 2016, 4.

[17] PENG H, DIRECTOR M, MCCARTHY R L. Mcity abc test[J]. Mcity White Paper, 2019:1-15.

[18] 余贵珍, 冀浩杰, 周彬. 自动驾驶机器人关键技术及应用[J]. 科技导报, 2015, 33(21):72-75.

[19] 余卓平, 邢星宇, 陈君毅. 自动驾驶汽车测试技术与应用进展[J]. 同济大学学报: 自然科学版, 2019, 47(4):540-547.

[20] 徐志刚, 张宇琴, 王羽, 等. 我国自动驾驶汽车行业发展现状及存在问题的探讨[J]. 汽车实用技术, 2019(1):13-21.

[21] 范志翔, 孙巍, 潘汉中, 等. 自动驾驶汽车测试技术发展现状与思考[J]. 中国标准化, 2017(20):18.

[22] LI W, PAN C, ZHANG R, et al. AADS: Augmented autonomous driving simulation using data-driven algorithms[J]. Science Robotics, 2019, 4(28): eaaw0863.

[23] LI L, WANG X, WANG K, et al. Parallel testing of vehicle intelligence via virtual-real interaction[J]. Science Robotics, 2019, 4.

[24] FENG Y, YU C, XU S, et al. An augmented reality environment for connected and automated vehicle testing and evaluation[C]//2018 IEEE Intelligent Vehicles Symposium (IV). [S.l.]: IEEE, 2018: 1549-1554.

[25] HENRY L, YIHENG F. Real World Meets Virtual World: Augmented Reality Makes Driverless Vehicle Testing Faster, Safer and Cheaper [J]. Mcity White Paper, 2018:1-8.

[26] FRAADE-BLANAR L, MARJORY S. B, JAMES M. A, et al. Measuring

automated vehicle safety: Forging a framework[R]. Santa Monica: RAND Corporation, 2018.

[27] NAJM W G, TOMA S, BREWER J, et al. Depiction of priority light-vehicle pre-crash scenarios for safety applications based on vehicle-to-vehicle communications[R]. Washington D.C.: National Highway Traffic Safety Administration, 2013.

[28] CARSTEN O, MERAT N, JANSSEN V, et al. Human machine interaction and safety of traffic in europe[J]. HASTE Final Report, 2005, 3.

[29] WIACEK C, NAJM W, et al. Driver/vehicle characteristics in rear-end precrash scenarios based on the general estimates system (GES)[R]. [S.l.]: Society of Automotive Engineers, 1999.

[30] NAJM W G, SMITH J D, YANAGISAWA M, et al. Pre-crash scenario typology for crash avoidance research[R]. Washington D.C.: National Highway Traffic Safety Administration, 2007.

[31] NAJM W G, SMITH J D, et al. Development of crash imminent test scenarios for integrated vehicle-based safety systems[R]. Washington D.C.: National Highway Traffic Safety Administration, 2007.

[32] ZHOU J, DEL RE L. Reduced complexity safety testing for ADAS & ADF [J]. IFAC, 2017, 50(1):5985-5990.

[33] LI L, HUANG W L, LIU Y, et al. Intelligence testing for autonomous vehicles: A new approach[J]. IEEE Transactions on Intelligent Vehicles, 2016, 1(2):158-166.

[34] JUNG D, JUNG D, JEONG C, et al. Worst case scenarios generation and its application on driving[R]. [S.l.]: SAE Technical Paper, 2007.

[35] MA W H. Worst-case evaluation methods for vehicles and vehicle control systems.[D]. [S.l.: s.n.], 1998.

[36] MA W H, PENG H. A worst-case evaluation method for dynamic systems [J]. Journal of Dynamic Systems, Measurement, and Control, 1999, 121(2): 191-199.

[37] KOU Y. Development and evaluation of integrated chassis control systems [M]. University of Michigan, 2010.

[38] MULLINS G E, STANKIEWICZ P G, HAWTHORNE R C, et al. Adaptive generation of challenging scenarios for testing and evaluation of autonomous vehicles[J]. Journal of Systems and Software, 2018, 137:197-215.

[39] WANG W, LIU C, ZHAO D. How much data are enough? A statistical approach with case study on longitudinal driving behavior[J]. IEEE Trans-

actions on Intelligent Vehicles, 2017, 2(2):85-98.
[40] SAYER J R, BOGARD S E, BUONAROSA M L, et al. Integrated vehicle-based safety systems light-vehicle field operational test key findings report [R]. Ann Arbor: The University of Michigan Transportation Research Institute, 2011.
[41] BEZZINA D, SAYER J. Safety pilot model deployment: Test conductor team report[J]. Report No. DOT HS, 2014, 812:171.
[42] ZHAO D. Accelerated evaluation of automated vehicles[D]. [S.l.:s.n.], 2016.
[43] ZHAO D, LAM H, PENG H, et al. Accelerated evaluation of automated vehicles safety in lane-change scenarios based on importance sampling techniques[J]. IEEE Transactions on Intelligent Transportation Systems, 2017, 18(3):595-607.
[44] ZHAO D, HUANG X, PENG H, et al. Accelerated evaluation of automated vehicles in car-following maneuvers[J]. IEEE Transactions on Intelligent Transportation Systems, 2018, 19(3):733-744.
[45] KHASTGIR S, DHADYALLA G, BIRRELL S, et al. Test scenario generation for driving simulators using constrained randomization technique[R]. [S.l.]: SAE Technical Paper, 2017.
[46] KLAUER S G, DINGUS T A, NEALE V L, et al. The impact of driver inattention on near-crash/crash risk: An analysis using the 100-car naturalistic driving study data[R]. Ann Arbor: The University of Michigan Transportation Research Institute, 2006.
[47] ERVIN R, SAYER J, LEBLANC D, et al. Automotive collision avoidance system field operational test report: Methodology and results[R]. [S.l.: s.n.], 2005.
[48] LEBLANC D. Road departure crash warning system field operational test: Methodology and results. volume 1: Technical report[R]. Ann Arbor: United States. The University of Michigan Transportation Research Institute, 2006.
[49] SAYER J, LEBLANC D, BOGARD S, et al. Integrated vehicle-based safety systems field operational test final program report[R]. Ann Arbor: The University of Michigan Transportation Research Institute, 2011.
[50] REGAN M, WILLIAMSON A, GRZEBIETA R, et al. The australian 400-car naturalistic driving study: Innovation in road safety research and policy [C]//Proceedings of the 2013 Australasian Road Safety Research, Policing & Education Conference, Brisbane, Queensland. [S.l.: s.n.], 2013.
[51] BARNARD Y, UTESCH F, VAN NES N, et al. The study design of udrive:

The naturalistic driving study across europe for cars, trucks and scooters[J]. European Transport Research Review, 2016, 8(2):14.

[52] UCHIDA N, KAWAKOSHI M, TAGAWA T, et al. An investigation of factors contributing to major crash types in Japan based on naturalistic driving data[J]. IATSS Research, 2010, 34(1):22-30.

[53] ZHAO D, GUO Y, JIA Y J. Trafficnet: An open naturalistic driving scenario library[C]//2017 IEEE 20th International Conference on Intelligent Transportation Systems (ITSC). Piscataway: IEEE Press, 2017: 1-8.

[54] ULBRICH S, MENZEL T, RESCHKA A, et al. Defining and substantiating the terms scene, situation, and scenario for automated driving[C]//2015 IEEE 18th International Conference on Intelligent Transportation Systems. [S.l.]: IEEE, 2015: 982-988.

[55] Waymo safety report: On the road to fully self-driving[R/OL]. [2024-01-31]. https://waymo.com/safety/.

[56] SINGH S. Critical reasons for crashes investigated in the national motor vehicle crash causation survey[R]. [S.l.: s.n.], 2015.

[57] KALRA N, PADDOCK S M. Driving to safety: How many miles of driving would it take to demonstrate autonomous vehicle reliability?[J]. Transportation Research Part A: Policy and Practice, 2016, 94:182-193.

[58] HUNGER H. Test specifications for highly automated driving functions: Highway pilot[R/OL]. [2024-01-31]. https://www.pegasusprojekt.de.

[59] Automated driving systems: A vision for safety[R/OL]. [2024-01-31]. https://www.nhtsa.gov/.

[60] CONSORTIUM F, et al. Festa handbook version 2 deliverable t6. 4 of the field operational test support action[J]. European Commission, 2008.

[61] YANG H H, PENG H. Development and evaluation of collision warning/collision avoidance algorithms using an errable driver model[J]. Vehicle System Dynamics, 2010, 48(S1):525-535.

[62] LEE K. Longitudinal driver model and collision warning and avoidance algorithms based on human driving databases[M]. [S.l.: s.n.], 2004.

[63] OWEN A B. Monte carlo theory, methods and examples[M]. [S.l.: s.n.], 2013.

[64] RANNEY T A. Models of driving behavior: A review of their evolution[J]. Accident Analysis & Prevention, 1994, 26(6):733-750.

[65] BOJARSKI M, DEL TESTA D, DWORAKOWSKI D, et al. End to end learning for self-driving cars[J]. arXiv preprint arXiv:1604.07316, 2016.

[66] ZHANG J, CHO K. Query-efficient imitation learning for end-to-end autonomous driving[J]. arXiv preprint arXiv:1605.06450, 2016.

[67] GELFAND A E, SMITH A F. Sampling-based approaches to calculating marginal densities[J]. Journal of the American statistical association, 1990, 85(410):398-409.

[68] OWEN A, ZHOU Y. Safe and effective importance sampling[J]. Journal of the American Statistical Association, 2000, 95(449):135-143.

[69] SKARE Ø, BØLVIKEN E, HOLDEN L. Improved sampling-importance resampling and reduced bias importance sampling[J]. Scandinavian Journal of Statistics, 2003, 30(4):719-737.

[70] BUCKLEW J. Introduction to rare event simulation[M]. Berlin: Springer, 2013.

[71] HEINE K. Unified framework for sampling/importance resampling algorithms[C]//2005 7th International Conference on Information Fusion: Volume 2. Piscataway: IEEE Press, 2005: 6.

[72] SALIMANS T, KINGMA D, WELLING M. Markov chain monte carlo and variational inference: Bridging the gap[C]//International Conference on Machine Learning. [S.l.: s.n.], 2015: 1218-1226.

[73] OWEN A B, MAXIMOV Y, CHERTKOV M, et al. Importance sampling the union of rare events with an application to power systems analysis[J]. Electronic Journal of Statistics, 2019, 13(1):231-254.

[74] BUGALLO M F, ELVIRA V, MARTINO L, et al. Adaptive importance sampling: The past, the present, and the future[J]. IEEE Signal Processing Magazine, 2017, 34(4):60-79.

[75] MARTINO L, ELVIRA V, LUENGO D, et al. Layered adaptive importance sampling[J]. Statistics and Computing, 2017, 27(3):599-623.

[76] HAMMERSLEY J M, HANDSCOMB D C. General principles of the Monte Carlo method[M]//Monte Carlo Methods. Berlin: Springer, 1964: 50-75.

[77] NOCEDAL J, WRIGHT S. Numerical optimization[M]. Berlin: Springer, 2006.

[78] DEB K. Multi-objective optimization[M]//Search methodologies. Berlin: Springer, 2014: 403-449.

[79] KENNEDY J. Particle swarm optimization[J]. Encyclopedia of machine learning, 2010:760-766.

[80] TÖRN A, ŽILINSKAS A. Global optimization: Volume 350[M]. Berlin: Springer, 1989.

[81] KINGMA D P, BA J. Adam: A method for stochastic optimization[J]. arXiv preprint arXiv:1412.6980, 2014.

[82] BRYSON A E. Applied optimal control: Optimization, estimation and control[M]. London: Routledge, 2018.

[83] BERTSIMAS D, TSITSIKLIS J N. Introduction to linear optimization: Volume 6[M]. Belmont: Athena Scientific, 1997.

[84] BEN-TAL A, EL GHAOUI L, NEMIROVSKI A. Robust optimization: Volume 28[M]. Princeton: Princeton University Press, 2009.

[85] 陈宝林. 最优化理论与算法[M]. 北京: 清华大学出版社, 2005.

[86] BEN-TAL A, NEMIROVSKI A. Robust convex optimization[J]. Mathematics of Operations Research, 1998, 23(4):769-805.

[87] DORIGO M, CARO G D, GAMBARDELLA L M. Ant algorithms for discrete optimization[J]. Artificial Life, 1999, 5(2):137-172.

[88] BOYD S, VANDENBERGHE L. Convex optimization[M]. Cambridge: Cambridge University Press, 2004.

[89] 王书宁, 许鋆, 黄晓霖. 凸优化[M]. 北京: 清华大学出版社, 2013.

[90] JORDAN C, JORDÁN K. Calculus of finite differences: Volume 33[M]. Providence: American Mathematical Society, 1965.

[91] MILNE-THOMSON L M. The calculus of finite differences[M]. Providence: American Mathematical Society, 2000.

[92] TAFLOVE A, HAGNESS S C. Computational electrodynamics: The finite-difference time-domain method[M]. Norwood: Artech house, 2005.

[93] IOTT J, HAFTKA R T, ADELMAN H M. Selecting step sizes in sensitivity analysis by finite differences[R]. Blacksburg: Virginia Polytechnic Institute and State University, 1985.

[94] LEVEQUE R J. Finite difference methods for ordinary and partial differential equations: Steady-state and time-dependent problems: Volume 98[M]. Philadelphia: SIAM, 2007.

[95] HAFTKA R T, GÜRDAL Z. Elements of structural optimization: Volume 11[M]. Berlin: Springer, 2012.

[96] NOSAL E M. Flood-fill algorithms used for passive acoustic detection and tracking[C]//New Trends for Environmental Monitoring Using Passive Systems, 2008. [S.l.]: IEEE, 2008: 1-5.

[97] ACKLEY D. A connectionist machine for genetic hillclimbing: Volume 28 [M]. Berlin: Springer, 2012.

[98] VOGEL K. A comparison of headway and time to collision as safety indica-

tors[J]. Accident analysis & prevention, 2003, 35(3):427-433.
- [99] CHEN R, SHERONY R, GABLER H C. Comparison of time to collision and enhanced time to collision at brake application during normal driving [R]. [S.l.]: SAE Technical Paper, 2016.
- [100] GONG X, GUO Y, FENG Y, et al. Evaluation of the energy efficiency in a mixed traffic with automated vehicles and human controlled vehicles[J]. arXiv preprint arXiv:1806.00377, 2018.
- [101] RO J W, ROOP P S, MALIK A, et al. A formal approach for modeling and simulation of human car-following behavior[J]. IEEE Transactions on Intelligent Transportation Systems, 2018, 19(2):639-648.
- [102] HAMDAR S, MAHMASSANI H. From existing accident-free car-following models to colliding vehicles: Exploration and assessment[J]. Transportation Research Record: Journal of the Transportation Research Board, 2008 (2088):45-56.
- [103] FENG F, BAO S, SAYER J R, et al. Can vehicle longitudinal jerk be used to identify aggressive drivers? An examination using naturalistic driving data [J]. Accident Analysis & Prevention, 2017, 104:125-136.
- [104] RAWLINGS J B, MAYNE D Q. Model predictive control: Theory and design[M]. Madison: Nob Hill Publishing, 2009.
- [105] NILSSON J, SILVLIN J, BRANNSTROM M, et al. If, when, and how to perform lane change maneuvers on highways[J]. IEEE Intelligent Transportation Systems Magazine, 2016, 8(4):68-78.
- [106] BELLMAN R. Dynamic programming[J]. Science, 1966, 153(3731):34-37.
- [107] SUTTON R S, BARTO A G, et al. Introduction to reinforcement learning: Volume 135[M]. Cambridge: MIT Press, 1998.
- [108] KAELBLING L P, LITTMAN M L, MOORE A W. Reinforcement learning: A survey[J]. Journal of Artificial Intelligence Research, 1996, 4:237-285.
- [109] SUTTON R S, BARTO A G. Reinforcement learning: An introduction[M]. Cambridge: MIT Press, 2011.
- [110] KOBER J, BAGNELL J A, PETERS J. Reinforcement learning in robotics: A survey[J]. The International Journal of Robotics Research, 2013, 32(11): 1238-1274.
- [111] MNIH V, KAVUKCUOGLU K, SILVER D, et al. Human-level control through deep reinforcement learning[J]. Nature, 2015, 518(7540):529.
- [112] DAYAN P, BALLEINE B W. Reward, motivation, and reinforcement learning[J]. Neuron, 2002, 36(2):285-298.

[113] MNIH V, KAVUKCUOGLU K, SILVER D, et al. Playing atari with deep reinforcement learning[J]. arXiv preprint arXiv:1312.5602, 2013.

[114] LILLICRAP T P, HUNT J J, PRITZEL A, et al. Continuous control with deep reinforcement learning[J]. arXiv preprint arXiv:1509.02971, 2015.

[115] VAN HASSELT H, GUEZ A, SILVER D. Deep reinforcement learning with double Q-learning[C]//30 AAAI Conference on Artificial Intelligence. [S.l.: s.n.], 2016.

[116] MNIH V, BADIA A P, MIRZA M, et al. Asynchronous methods for deep reinforcement learning[C]//International Conference on Machine Learning. [S.l.: s.n.], 2016: 1928-1937.

[117] SILVER D, HUANG A, MADDISON C J, et al. Mastering the game of go with deep neural networks and tree search[J]. Nature, 2016, 529(7587):484.

[118] SILVER D, SCHRITTWIESER J, SIMONYAN K, et al. Mastering the game of go without human knowledge[J]. Nature, 2017, 550(7676):354.

[119] SILVER D, HUBERT T, SCHRITTWIESER J, et al. A general reinforcement learning algorithm that masters chess, shogi, and go through self-play [J]. Science, 2018, 362(6419):1140-1144.

[120] ARULKUMARAN K, DEISENROTH M P, BRUNDAGE M, et al. Deep reinforcement learning: A brief survey[J]. IEEE Signal Processing Magazine, 2017, 34(6):26-38.

[121] WANG P, CHAN C Y, DE LA FORTELLE A. A reinforcement learning based approach for automated lane change maneuvers[C]//2018 IEEE Intelligent Vehicles Symposium (IV). [S.l.]: IEEE, 2018: 1379-1384.

[122] HENDERSON P, ISLAM R, BACHMAN P, et al. Deep reinforcement learning that matters[C]//32 AAAI Conference on Artificial Intelligence. [S.l.: s.n.], 2018.

[123] SNOEK J, LAROCHELLE H, ADAMS R P. Practical Bayesian optimization of machine learning algorithms[C]//Advances in Neural Information Processing Systems. [S.l.: s.n.], 2012: 2951-2959.

[124] JONES D R, SCHONLAU M, WELCH W J. Efficient global optimization of expensive black-box functions[J]. Journal of Global Optimization, 1998, 13(4):455-492.

[125] PELIKAN M, GOLDBERG D E, CANTÚ-PAZ E. Boa: The bayesian optimization algorithm[C]//Proceedings of the 1st Annual Conference on Genetic and Evolutionary Computation-Volume 1. Burlington: Morgan Kaufmann Publishers, 1999: 525-532.

[126] GRAMACY R B, LEE H K, MACREADY W G. Parameter space exploration with gaussian process trees[C]//Proceedings of the Twenty-First International Conference on Machine Learning. [S.l.]: ACM, 2004: 45.

[127] KUSS M, RASMUSSEN C E. Gaussian processes in reinforcement learning [C]//Advances in neural information processing systems. [S.l.: s.n.], 2004: 751-758.

[128] LIZOTTE D J. Practical bayesian optimization[M]. Edmonton: University of Alberta, 2008.

[129] FRAZIER P I, WANG J. Bayesian optimization for materials design[M]// Information science for materials discovery and design. Berlin: Springer, 2016: 45-75.

[130] BROCHU E, CORA V M, DE FREITAS N. A tutorial on bayesian optimization of expensive cost functions, with application to active user modeling and hierarchical reinforcement learning[J]. arXiv preprint arXiv:1012.2599, 2010.

[131] SHAHRIARI B, SWERSKY K, WANG Z, et al. Taking the human out of the loop: A review of bayesian optimization[J]. Proceedings of the IEEE, 2015, 104(1):148-175.

[132] RASMUSSEN C E. Gaussian processes in machine learning[C]//Summer School on Machine Learning. Berlin: Springer, 2003: 63-71.

[133] SNOEK J, SWERSKY K, ZEMEL R, et al. Input warping for bayesian optimization of non-stationary functions[C]//International Conference on Machine Learning. [S.l.: s.n.], 2014: 1674-1682.

[134] MARMIN S, GINSBOURGER D, BACCOU J, et al. Warped Gaussian processes and derivative-based sequential designs for functions with heterogeneous variations[J]. SIAM/ASA Journal on Uncertainty Quantification, 2018, 6(3):991-1018.

[135] GRAMACY R B, LEE H K H. Bayesian treed Gaussian process models with an application to computer modeling[J]. Journal of the American Statistical Association, 2008, 103(483):1119-1130.

[136] WOLPERT D H, MACREADY W G, et al. No free lunch theorems for optimization[J]. IEEE Transactions on Evolutionary Computation, 1997, 1(1):67-82.